心の痛みを癒し
成長へつなげ
ピュアで美しい
あなたになる

ヘミシンク浄化法

セラピスト
山口幸子

ハート出版

●推薦のことば――坂本政道

ヘミシンクというと、これまでは硬い内容の本が多かったのですが、この本は画期的です。難しくなりがちなことがらを、とてもやさしく、柔らかな筆致で書いています。水のように、すーと頭に、そして心に沁《し》み入っていきます。読んでいるだけで癒されてきて、思わず涙を流してしまいました。

ヘミシンクを聴くと、通常ではアクセスできないような意識状態に入ることができます。古来、瞑想や宗教的な儀式でのみ達することができたような状態です。そこでは、ガイドと呼ばれる自分を導く存在たちとの交信が起こったりします。

本書には著者がガイドから教わったエクササイズが紹介されています。日常の中で癒しを得て、健康を回復・維持・増進するためのエクササイズです。どれも具体的でわかりやすく、今日からでもすぐに実践できるものばかりです。私もさっそく塩をお風呂に入れることを始めました。

みなさまも日々の生活に役立ててくだされば、幸いです。

はじめに

　二年ほど前のことです。仕事や人間関係に疲れていた私は、眠れない日々が続いていました。

　夜になると「今日こそはぐっすり睡眠を」とベッドに入るのですが、頭の中がざわつき、ますます冴えていきます。

　三時、四時、五時と時計の針を気にしながら、朝方やっとウトウトする、そんな毎日でした。しだいに体力も落ちていき、同時に心の不安定さも現れてきました。ちょっとしたことにイライラしたり、なんでもないことなのにビクッとして、おどおどしている自分がいます。また楽しそうな会話に入りたいのに、いざ入ってみると何もしゃべられずに落ち込みます。

　もしかして私はうつ病になっているのかしら……そんなことさえ考えていました。

なんとか眠りたい私は、ヘミシンク（＊1）CDのメタミュージック（＊2）を入眠導入のために聴いていました。穏やかな、気持ちを落ち着かせてくれる癒しの音楽。深いリラクゼーション用のメロディーは心の奥深くに染み入ります。豊かな旋律に導かれ少しずつ眠れるようになってきたある日、ガイド（はるか時空を超えて、守護、指導してくれている知的存在）からメッセージが届いたのです。

「あなたが苦しんでいる日々を、わたしは知っていましたよ。毎日の浄化が必要ですね。これらの方法はとても簡単です。暮らしに取り入れ実践してください」

そしてこのメッセージとともに、一冊の本が目の前に現れました。その本のページをめくると、あらゆる浄化の方法が書きしるしてあったのです。

日々浄化の方法を実践している私を見てガイドは、

「心と身体の浄化は毎日の小さな積み重ねが大切です。ピュアで美しいあなたでいることが、アセンション（＊3）への切符になるのですよ」

と言います。


本書で紹介する浄化の方法は、驚くほど簡単なものばかりです。もしかしたらあなたも何気なく実践しているかもしれませんね。

本書では、浄化の方法のほかに、私がガイドとコンタクトをとれるようになった経緯、そして、私とガイドとの会話の様子などもあわせて紹介しています。


私たち一人ひとりは、ガイドとともに生きています。ガイドの存在なくしては幸せになれません。忙しい毎日に疲れ果て、マイナスのエネルギーにがんじがらめになっていた私は、今、見違えるほど元気です。

ガイドからメッセージが届いたことを、心から感謝している毎日です。

日々の小さな積み重ねで、
「ピュアで美しいあなたになる」

この本を通して、そんなお手伝いが出来たなら、とてもうれしく思います。

なお、イラストは、私にとって最愛の理解者である娘が描きました。娘は素人ですので、出来映えのほどはご寛容いただきたく思います。4章の大見出し下のイラストはプロのイラストレーターさんによります。

＊1 ヘミシンクとは、左右の耳に周波数の異なる音を聞かせて変性意識状態に導くための音響技術。
＊2 メタミュージックとは、瞑想や深いリラクゼーション、集中力向上などを目的に編曲された音楽。
＊3 アセンションとは、人間の精神や地球の意識が高次元の存在へと変化すること。

もくじ――『ヘミシンク浄化法』

第1章

私のヘミシンク体験

CDを聴くだけで

特別な才能や超能力などとは無縁、ごく普通の人間です。

その私が、非物質の知的生命体やガイドと交信をし、そして、過去世や未来にも行き、必要な情報を受け取れるようになりました。

特別な修行をしたわけではありません。米国人のロバート・モンローさんが開発した「ヘミシンク」というツール（ＣＤ）を使ってエクササイズを行なっただけです。

静かな部屋でリラックスした姿勢になってＣＤを聴くだけで、私はいろんな体験をしてきています。

うそのような本当の話です。もちろん上達するように、積み重ねのエクササイズは必要ですが、それとて、通常の日常生活を送りながらのことです。ドラッグでハイになり超常体験をするわけではありません。その意味では、とても安全な道を歩いていると思っています。

ヘミシンクの詳しい説明は後の章で紹介しますが、非物質の世界を知るきっかけとなった私のヘミシンク体験記をぜひ読んでいただき、参考になさってください。

ヘミシンクに出会う

きっかけは一冊の本でした。

坂本政道さんの『死後体験』という本です。この本は図書館で借りたものでした。目当ての本があったのですが貸し出し中だったので、同じ本棚にあったその本を借りてみたのです。タイトルから怪しげな印象を持ち、影響を受けない程度に気軽に読んで、すぐに返却するつもりでした。

この『死後体験』は、坂本政道さんがアメリカのモンロー研究所で、ヘミシンクという音響技術を使ったプログラムに参加し、導かれた変性意識の状態から得られた体験を綴ったものでした。

体外離脱、フォーカスレベル、物質界と非物質界、過去世、ガイドとの交信……読み進めるうちに、これらのキーワードにどんどん引き込まれていきました。

気軽に読んですぐに返却のつもりが、読み終わったときには、ヘミシンクのCDをインターネットで注文していたほどです。この素早い行動には、自分でも驚きです。

いっときでも早くヘミシンクの体験をして、自分自身のガイドという存在に会ってみたい！　ワクワクしながらCDが届くのを待っていました。

購入したCDは、ヘミシンク・シリーズの中のメタミュージック四枚です。届いたその日から、一日一枚のCDを、寝る前に聴くことにしました。

根気よく静かに聴いていましたが、ガイドに会えるどころか、何も体験できません。期待はずれでした。

ところが数日後、聴いていない時にとても不思議な体験をしたのです。

夕方、娘がケーキを買って帰ってきました。

娘にはこだわりがあり、ケーキはモンブランと決めています。

ケーキの箱を見て「また、モンブラン?」と、笑う私。するとケーキの箱の蓋があき、チーズケーキの焦げ目が見えました。さらに箱がくるっと回転し、側面に「チーズ」と書いてあるシールが貼ってあるのがわかりました。

「あら、チーズケーキなの？　珍しいわね」

娘は不思議な顔をしています。

「なぜチーズケーキだってわかるの？」

「だって蓋があいているじゃない。シールも貼ってあるし」

そう答えながら、箱をもう一度確認しました。驚いたことに、蓋はしっかりテープで止められ、シールなどどこにも貼ってありません。

振り返ると、一瞬の出来事でした。実際「見ている」というよりは、頭の中に映像が映り、その映像を見ていたようにも思えます。

ほかにもこんなことがありました。仕事関係の会社に企画提案の書類を送った時のことです。一週間ほど経ったころ、ふっと映像が浮かびました。企画の件で会議が終わり、会議の中心人物が「よし、これでいこう」と言っている姿です。その後すぐに、見た映像の通り、企画が通ったとの知らせが届きました。

続けて起こったこの出来事は、ヘミシンクの効果を実感したことに加え、何より、ガイドと出会うための道筋ができたと思える瞬間でした。

しかしその後は取り立てて、ここに紹介できるような体験はありませんでした。あまりにも期待が大きく、力んでいたのかもしれません。ヘミシンクはリラックスして聴いてこそ効果があります。それも、あとから参加したヘミシンクセミナー（そのセミナーではヘミシンクを基礎から学ぶものでした）で知ったことです。

ガイドに会いたい、姿を見たい、会話をしたい、そういう強い思いと裏腹に、私は何も体験できず、しだいにCDもほとんど聴かなくなっていきました。

再びヘミシンク

ヘミシンクの存在が私の中では薄れかけていた時、ハワイのロイさんという方との出会い（セッション）がありました。ロイさんは宇宙意識と繋がり、必要なメッセージを伝えてくれるという、いわゆるチャネリングをする人です。ロイさんはセッションが始まると開口一番、

「あなたは何かやっているの？　瞑想とか……」

と言います。

「いいえ、何も。……しいて言えば、ヘミシンクかな……」

「そう！　ヘミシンクだよ。私はヘミシンクというものが何なのか知らないが、あなたのガイドがヘミシンクはあなたにとってとてもよいツールだから、どんどん使ってほしいと言っているよ。

あなたはヘミシンクによって人生が変わりつつある。これからもどんどん変わっていく。頭の上の窓（チャクラ）は大きく開いているよ。ガイド

はあなたに常にメッセージを送っている。うるさいくらいだよ。うるさくて眠れないんじゃないかい？」

と笑います。

「非物質の存在たちがあなたのそばに数名いる。その存在たちが、『ともに仕事をしていこう。そして、エキサイティングな人生を謳歌しよう』と言っているよ。これから楽しみだね！」

と言うのです。

このメッセージは私にとって、思いもよらない内容でした。ヘミシンクと遠ざかり、ガイドの存在も、在るのか無いのか疑問もわいてくるし、インスピレーションもさっぱり感じなく過ごしていた日々でしたから。

このロイさんからのメッセージは、私を再びヘミシンクへ導く意味のあるセッションとなりました。

ガイドとの邂逅

ロイさんからガイドの存在を示された私は、なんとか早くガイドとの出会いを果たしたいという思いが強くなっていました。しかも今度は自己流ではなく、トレーナーのもとでヘミシンクの正しい聴き方も身につけたいと思い、二〇〇七年十月、アクアヴィジョン・アカデミー主催の滞在型セミナー「ガイドとの邂逅《かいこう》」に参加することにしました。

このセミナーはタイトル通り、自分自身のガイドとの邂逅を果たすために設けられたセミナーです。ヘミシンクを使いトレーナーのアドバイスを受けながら、ガイドとの出会いを行ないます。三泊四日、温泉完備のホテルに泊まりへミシンク漬けになるセミナーです。ロイさんのセッションを受けたあとにヘミシンクのセミナーを探したところ、直近で開催されるセミナーが「ガイドとの邂逅」だったので、何か不思議な意図された導きを感じ、ワクワクしながらセミナーに挑みました。

＊【邂逅】かいこう。思いがけなく出会うこと、巡り会うこと（広辞苑より）。

ガイドに会った！

セミナーは明るく、フレンドリーな雰囲気で始まりました。

「リラックスして！　楽しんで！」がセミナーの合言葉です。

いよいよ、最初のセッション。ヘッドホンから流れてくるガイダンスに導かれ、すぐに映像が見えました。

大きな光の玉が目の前に現れ、奥のほうに進んでいきます。私はその光を追いかけます。光に誘導されて小さな部屋にたどりつくと、複数の存在を感じます。その存在たちは喜びのダンスをしていました。部屋の中央にはくす玉が下がっています。私はそのくす玉のひもを引きました。すると紙吹雪とともに「おめでとう」と書かれた垂れ幕が落ちてきたのです。同時にメッセージが届きました。

「念願のガイドと会えてよかったですね！　セミナーがうまくいくように、ガイドたちみんなであなたを見守っていますよ。

　この最初のセッションで、セミナーに参加しているみんながガイドに出会えたことを、是非あなたから皆さんへ伝えてくださいね」

　というものでした。

　見えない世界に住むガイドたち。彼らは私たちを見守り、確実にサポートしてくれているのです。

　宇宙人たちもこのセミナーに興味があるようで、ホテル上空に待機し、見学に来ていました。

「ホテルの真上に来ていますよ。けれどもあなたたちにはわかりません。なぜなら雲と一体化しているから」

　と言ってきました。これについては、セミナーの参加者Nさんも気になる雲を撮影していて、まさにその雲の形は、雲と一体化した宇宙船そのもので、二重の驚きでした。

　ヘミシンク中に枕元に立ち、私を覗き込む宇宙人もいました。姿は見えませんでしたが、気配を感じ「どこから来たの？」と尋ねました。

　すると、

「アルク……アルク……」

と答えます。私は星の名前はほとんど知らないので、その時は「アルク……歩く？……歩いてきた？」などと、とんちんかんな解釈をしていましたが、あとで調べると

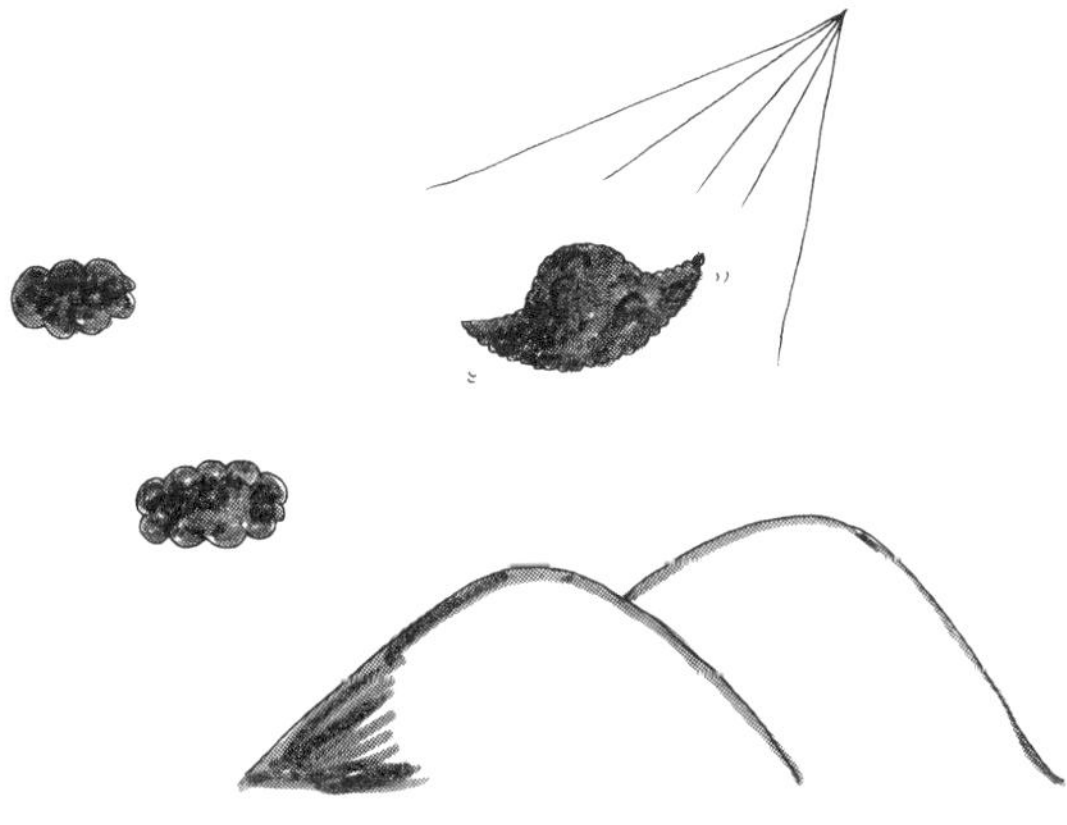

アルクトゥルス星（＊）ということがわかりました。

出だし好調の「ガイドとの邂逅」セミナーは、最後まで素晴らしい体験で終わりました。その後も、いろんな宇宙人やＵＦＯにも遭遇、過去世も見てきました。もちろん、ブリーフィングの時間には、ガイドから参加者全員へのメッセージ「みんながガイドと出会えた」ということも、忘れず伝えることができました。

（＊）うしかい座α星。視等級はマイナス０・０４等で、太陽を除けば、地球から見てシリウス、カノープスに次いで三番目に明るい恒星。

★プレアデス★

セミナーも終盤に差し掛かりました。このセッションで使われるＣＤはセミナー参加者の間で「とにかく凄い」と噂のＣＤです。どんなに凄いのか知りたいのですが、期待しすぎると変な緊張からリラックスできないと思い、情報を得るのはそこまでにし、「寝てしまってもいいわ」という気軽な気持ちでセッションに臨みました。（該当のCDは、モーメント・オブ・レバレーションです）

CDが始まりました。ガイダンスに導かれ進んでいきます。私を愛し理解してくれる者たちが待っていてくれる、そんな空間と時間にアクセスします。

ガイダンスに従い階段を上り切ると、大きな扉が見えます。扉の隙間から、向こう側の光が差し込んできています。光に引き込まれるように、重い大きな扉を開けました。

すると足元に、下る階段が現れました。その階段をゆっくり降りる途中、何人もの光の存在たちが私を取り囲み、ハグしてくれます。

「よかったね！　待っていたよ！　おめでとう！」

喜びと懐かしさ、故郷に住む家族に迎えられたようなあたたかさ、そして絆さえ感じて、涙があふれ出てきます。ふと足元を見ると、毛足の短い絨毯が敷き詰めてあるようです。

顔をあげて見渡すと、そこはとても広い宇宙船の中でした。そばに付き添ってくれている存在に尋ねました。

「ここはどこなの？」

「プレアデスの母船です。あなたは私たちの元へ帰ってきました。どうぞゆっくりくつろいでください」

宇宙船の大きな窓辺へと案内されると、そこにはソファーが用意されていて、温かいコーヒーでもてなしてくれました。大きなガラス張りの窓の外には、青い地球が小さく浮かんで見えます。地球とプレアデスの母船の間には、黒っぽいピラミッドの形をしたものも浮かんでいました。ほかの星の宇宙船です。不思議な形でした。

プレアデスの存在たちは、純粋ではっきりとした意思を持っているようでした。腰に銃のようなものを付けていたのですが、ほかのネガティブな宇宙存在たちと戦うこともあると話してくれました。私はその銃のようなものを見てとても驚いたのです。

なぜなら、このセッションの前に「宇宙からのインスピレーションを受け、紙粘土で作品を作る」というワークがあったのですが、私が作った作品そのものだったからです。


ワークとはいえ、紙粘土をこねるなんて何年もやったことがありません。戸惑う私に「子どものような無邪気な心をもって作ってみて！」とトレーナーが後押ししてくれます。

作りだすとあっという間に出来上がりました。手が勝手に動いているというよりは、紙粘土が生き物みたいに動きだすので、その動きに合わせて手を添えているという感覚です。本当に不思議な感覚でした。

出来上がった作品を見た時は、

「どうしてこんなものができてしまったの？　これはいったい何かし

ら？」

自分でもまったく理解できません。

「お土産として、持って帰ってくださいね」

と言われましたが、私としては、理解不能の作品なんて気味が悪いし、しかも重いので捨てて帰ろうと思っていたくらいです。

しかしこうやって、あとから、時間をずらして作品の意味を知ることを体験してみると、ガイドはこのあと行な

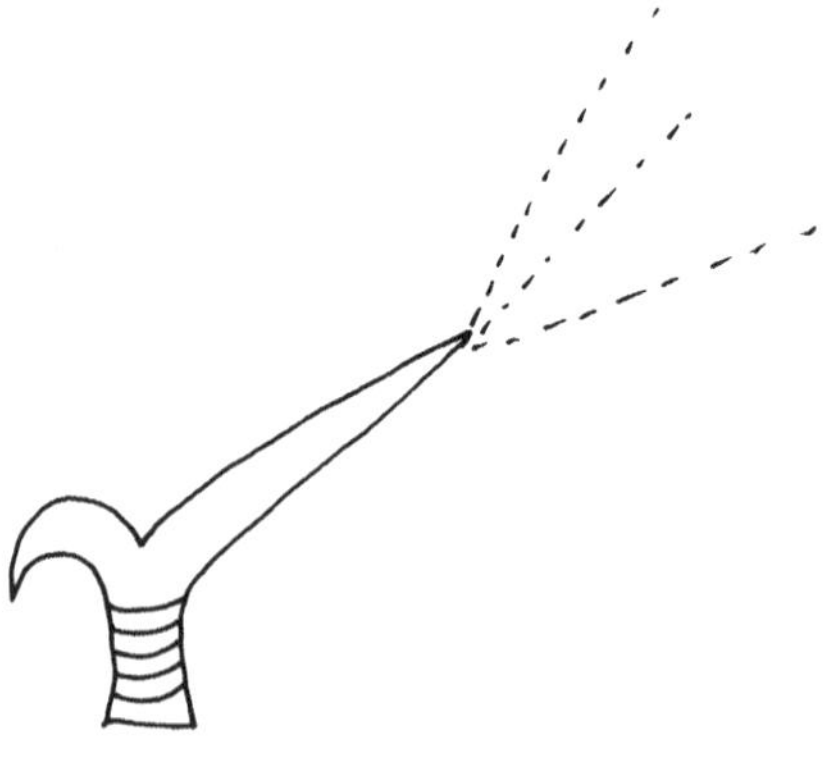

われるセッションについて、先回りして情報を与えてくれていたのです。しかも詳細に。銃の握り部分には、滑り止めの細かい溝が刻んであるところまで！

ヘミシンクのワークでは、情報の一つひとつは、「ジグソーパズルの1ピース」と説明されます。その時は無駄な情報のようにも思えることでも、あとで「そういう意味だったのか」とわかることはよくあることです。どんなことでも捨てる必要はないのです。

★三人の天女★

プレアデスの母船に入り、窓辺でくつろいでいた時です。船内なのか、船外なのか定かではないのですが、三人のとても美しい女性を見かけました。ブロンドのふわふわとしたロングヘアーで、白いドレスをなびかせて、空中を漂うように浮かんでいます。まるで天女のようです。プレアデスの存在たちとはどこか違います。優しさと知恵を兼ね備えた美しい天女たちは、こちらを見て微笑んでいます。

このときすでに、ガイダンスはC1《シーワン》（＊）へ戻るように言っています。私は、天女たちが何者か知る余裕もなくC1へ戻り、セッションは終了しました。

（＊）フォーカス1ともいう。意識が物質世界にしっかりある状態。

この天女たちが何者なの

か、私はとても気になってはいましたが、知る由もありません。
セミナーが終わって二か月たった時のことでした。
あるファンタジー小説を読んでいました。なぜかそこに登場する美しい女性の役柄に、とてもひきつけられるのです。その美しい女性は、死んだことに気がつかない人々を、天国に送るお手伝いをする女性でした。ちょうど、ヘミシンクセミナーで教わるリトリーバル（＊）の時の、ヘルパーのような役割なのです。

（＊）転生できずにさまよっている魂を救出すること。

小説に出てくる女性とヘミシンクでいうヘルパーがオーバーラップして、なかなか頭から離れません。そしてさらに、空中を漂っていた三人の天女たちが、なぜかリトリーバルをお手伝いするヘルパーのような気がするのです。これはあくまで「そんな気がする」という曖昧なものでしたが、その日一日、その考えが頭から離れませんでした。

一晩寝ると、そんな考えも馬鹿馬鹿しくなって、またいつものように仕事に忙しくしていた翌日、一年ほど会っていない知人から一本の電話がありました。

「あなたに是非とも見せたいものがあるから、お昼ごろに来てくれる？」

「仕事が片付いたらね。もしかしたら、行けないかも」

と返事をしました。なんとなく気が進まなかったからです。

昼過ぎ、再び電話がありました。「どうしても見てもらいたいのよ」というお誘いです。しぶしぶ出かけました。

お茶をいただきながら世間話などしたあと、「どうしても見せたいもの」は隣の部屋に飾ってあるからということで、隣の部屋に通されました。

そこに飾ってあった「どうしても見せたいもの」は何だったと思いますか？　なんと、日本刺繍《ししゅう》で施した三人の天女の絵だったのです！

一瞬、何が起こっているのか、ただただ「エー！」と声をあげるのが精一杯でした。同時に全身に鳥肌が立ちました。

彼女は、

「ね、あなたの好みだと思ったのよ」と言いますが、私が驚いたのはそんなことではありません。

きのう一日中、「プレアデスで見た三人の天女が、リトリーバルをするヘルパーかもしれない」という考えに取りつかれていたことの答えを、今この場で見せられたと直感したからでした。

もちろん彼女には、ヘルパーの話などしたことはありません。それに、見せたいものがあるといわれても気乗りせずに、そのうち「忙しいから」と、お断りの電話をしようとさえ考えていたのですから。

この体験を得た私は、ガイドという存在を絶対的に確信しました。偶然にこういうことが起こり得ることはありません。

彼女が何をもって、私が好みだと思う刺繍の絵を見せたのか、私は日本刺繍には興味を示したことはありませんでしたから。彼女は京都に旅行した時その刺繍の絵を一目で気に入り、自宅に飾ったのです。そして何の根拠もなく、ふと、私の好みだと思い電話したのです。しかも二度も。

ガイドは私が思っていること、考えていること、気になることを全部知ってくれています。まるで自分のことのように。


これは私だけの話ではありません。誰にでも必ずガイドは複数います。

気になることの答えが、
・たまたまつけたテレビの番組の中で説明していたり
・他人の会話にヒントがあったり
・偶然開いたページに答えがあったり
そういうことって、あなたも一度や二度の経験はきっとあるでしょう。

これらもガイドがアレンジしているのです。

霊的進歩についてもそうです。今あなたに何が一番欠けているのか、ガイドは知っています。そして、それらのことがわかるように、出会いや出来事をアレンジして教えてくれているのです。

★ご褒美★

今こうしてこの本を読んでくださって「そんなこともあるかもしれないな」と思ったあなたにお願いがあります。今日から自分の周りで起こる出来事に注意を払っていてください。

必ずあなたのガイドから、メッセージが届くはずです。

こんなことがありました。

友人に、私の体験を交えながら霊的な話をしていた時です。彼女はとても興味を持って、私の話を聞いてくれていました。

彼女が「うんうん」とうなずくと、彼女のガイドも後ろのほうで腕を組んで「うんうん」とうなずいているのが見えます。

「へー！　そんなこともあるの？」と彼女が驚くと、ガイドは手を叩いて喜んでいます。すると彼女のガイドが「ご褒美」と言いました。霊的な話を素直に受け入れたことで、ガイドはとても喜び、ご褒美まで用意してくれるなんて、私もびっくりです。

さて、そのご褒美とはいったい何だったでしょうか？

楽しい時間を過ごし、友人が帰る間際、彼女の二人の男の子にお土産を渡したくて、何かないかしらと考えていたところ、お正月に買った福袋に筆箱が入っていたのを思い出しました。ちょうど男の子用のが二つあったので、それらをお土産として渡しました。

彼女は帰り着くなり、すぐ私にメールをくれました。

「今日は楽しい話、ありがとう！　学童保育所に子どもを迎えに行ったら、先生が『お母さん、ごめんなさい。筆箱が二人とも壊れちゃったの』というのです。見たらほんとに、もう使い物にならないくらい壊れていました。筆箱をいただいた直後なので、この偶然に驚きです」

偶然などではありません。この出来事こそがガイドからのご褒美なのです。

「そういう世界もあるのだ」と気づくことも霊的進歩であり、あなたのガイドは、あなたが霊的な成長をすることを願っているのです。霊的な本を読んだり、話を聞くことも成長のプロセスです。そういうあなたを、ガイドは自分の喜びとして受け止めています。ガイドはいつもあなたのことを思い、ともにいるのです。

ガイドからのメッセージ

二〇〇七年十月、「ガイドとの邂逅」に参加して、私は様々な素晴らしい体験をすることができました。これらの体験から得た感動と喜びは、私を舞い上がらせました。

そして私は、人とは特別な、サイキックな能力を身につけたと勘違いしてしまったのです。

人にはもともと、霊的な力が備わっています。生まれる時に忘れてしまっているだけで、ヘミシンクは、もともと備わっている能力を思い出させてくれるツールです。決して特別な力を与えてくれるものではありません。

そういうことは理解しているつもりでしたが、やはりそこは、私の浅はかな部分です。こういう態度が、ガイドを怒らせてしまったようでした。

でもこの時は、ガイドを怒らせているなんて思ってもみません。私が悪いのに、私を無視し続けるガイドが悪いと思っていたのですから、傲慢にもほどがあります。

（この時は、ガイドが怒っていると感じたのですが、ガイドは怒っていたのではなく、単にコンタクトを取りたくても取れなかった、というのが真実だと今では感じています）

さて、自宅に帰ってからも、エクササイズは毎日続けていました。ヘミシンクを聴いて何度もガイドにアクセスするのですが、応答がありません。たまにガイドらしき存在を見かけますが、声をかけても無視されたり、さっと目の前を通り過ぎたり、まともにコンタクトがとれません。

しだいに焦りが出てきました。二か月もこのような状態です。

この状況をなんとか打破したいと思い、私は、九州の阿蘇・黒川温泉の近くでヘミシンクのセミナーを開催しているTAI《タイ》さん（＊）の所で、一泊二日のセミナーを受けることにしました。

（＊）ニックネーム、『2012これが新世紀の生き方だ』の著書もあるヘミシンクトレーナー。


TAIさんのセミナーハウスは、山奥の静かな場所にあるログハウスです。小鳥のさえずり、澄み切った青空、森の香り、ログハウスの中には暖炉の炎。

ヘミシンクのセッションを受けるには、最高の環境です。セミナーハウスに到着してすぐに「ここなら絶対に、ガイドとコンタクトが取れる」という確信を持ちました。

ところが、一日目のセッションは淡いだけの知覚で終わりました。その夜は、コンタクトが取れなくなったころからのことを考え、しばらく眠れず、かなり遅くの就寝になりました。

ところが朝早く、そろそろ眠りから覚めようとしていた時、急に誰かが語りかけてきて目が覚めました。ガイドだと直感した私は、すぐに記録を始めました。

あなたは、霊的に先行く人、つまり霊的な能力や知識を持っている人たちを、素晴らしいと思っていますね。

それなら、あとから霊的なことに気づく人はダメな人ですか? そうではないでしょう。今この段階の、人それぞれに立っている位置というものがあるのです。対比はいけません。すべての人がベストな時期に、ベストな体験をするようにその場所にいます。それこそが素晴らしいことなのです。その位置にいるからこそ学べることがあるのです。

それから、判断してはいけませんね。あの人はＯＫ、あの人はバツとか。善悪はありません。すべての人がＯＫなのですよ。「今はそういう時期なのね。頑張ってね。成長していけると信じているよ」という気持ちを持ち、「あなたはダメだ」という考えをしないこと。判断するから、直感を遮っています。判断するよりも識別すること。皆、誰でも進化の途中にあります。そのことを判断するのではなく、今はその段階なのだと、淡々と識別してください。

メッセージの受け取り方も様々です。何もガイドとの直接的な会話だけがメッセージではありませんね。毎日の生活の中に、偶然のように答えがあったり、見せられたり、メッセージはいたるところにちりばめられています。

自分の直感を大切にしなさい。直感に対して「いや……でも……」と言うのはエゴですよ。エゴが出るから狂わせています。直感に従って生きていくには、源につながる意識を常に持ち続けることです。源とは、無条件の愛です。

「どんな私であっても、私を信頼する」と宣言してください。「どんなことがあっても、私は愛されて信頼される人間なんだ」と思うことが、宇宙やガイドを信頼していることなのですよ。

日常生活の中で日々気付きを深めなさい。三次元と霊的なことをリンクさせながら、調和をとった生き方を心がけることです。

地球に人間として生まれたことを、もっと楽しみなさい。その楽しみ方を、あなたはまだよくわかっていませんね。なぜなら、あなたは自分のことがよくわかっていないからです。自分と向き合えばおのずと道が開けてきます。

今から試練がやってきます。次から次に高速で。しばらくドロドロですよ。だから、

「どんなことが起ころうと、自分に与えられることは乗り越えられる」

そう宣言してください。

羽ばたくときが来ました。

新たな自分を再び求めて、次のステップに進みなさい。


このメッセージを受けとった直後から始まり、一年間も続いた苦しい日々。仕事のストレスや人間関係で眠れなくなり心までおかしくなりそうだった日々は、次のステップに進むためのレッスンだったのです。

しかしその渦中にいる時は、苦しみに潰されそうで、与えられたレッスンだとはとても思えなかったのが事実です。

「自分がネガティブなことを考えているから、悪い事象が引き寄せられる」というアドバイスをしてくれる友人もありましたが、すべてがそうではないようです。愛と思いやりを学ぶためのレッスンとして、ままならぬ苦しみを経験することも必要なのです。

慈愛から慈悲へ、そのレッスンは過酷でしたが、こうして前進できたのは、周りの人たちと、ガイドのサポートがあったからです。

ヘミシンクを通して、ガイドとコンタクトをとりながら生きていけることを、今はとても幸せに思っています。

ひとつの目的に到達したとき見えてくるのは次の目標です。この旅に終わりはありません。

そして私にも、また新たなレッスンが始まりました。

「またレッスンですか?」と聞く私に、

「まだまだ踏ん張れますよ」とガイドは答えます。

もう落ち込んだり、苦しんだりすることはないでしょう。

これからは、生きて迷い、悩み、考えるプロセスを充分に堪能し、楽しみながら進んでいきます。

第2章

私の過去世体験

過去世からの学び

ヘミシンクのエクササイズをしている時、過去世を見ることがあります。

人はこの地球で何回も生まれ変わり、輪廻転生を繰り返してきました。これが事実なのかどうか、何より、自分で過去に生きていた体験を思い出すことによって、実感としてよくわかります。

そして過去に起こった出来事の中には、まだ苦しみやトラウマに苦しんでいる自分の側面が救済を待っているということもわかります。

これをリトリーバル（魂の救出）と言いますが、それがどんなものか、まずは私の過去世体験と、体験にまつわるガイドからのメッセージをご紹介します。

私は今から紹介する二つのリトリーバルの体験から、

「喜びとは、生きることの根本である」

「人は一人ではない、ガイドとともに生きている」

ことを教えられました。

きっとあなたにも通じるところがあるでしょう。

感情を捨てて生きた過去世

馬にまたがり、草原を走っています。

私は若い女性です。さらさらとした自慢の長い髪は、おしりの下まであります。

国は古い時代のノルウェーです。

私はその地域の城主の一人娘でした。

私の周りには、同世代の友達はなく、いつも草原を馬といっしょに走るのが楽しみでした。私の唯一の友は馬だったのです。

風を切って走る私の頬には、暖かい新緑の季節を感じます。こうしている時が私にとって、とても大切な時間なのです。

孤独など感じたことはありません。両親の愛情と親友である馬がいてくれれば幸せでした。

次の場面は、上空から、馬といっしょに走る自分の姿を見ていました。広い草原です。風とともに草も波打っています。

そして、私の親友でもある馬ですが、空の上から見ると、なぜか今（今生）飼っている、ペットの犬なのです。ペットの犬は、今生でもいっしょに生まれ変わっているソウルグループだったということがこの時わかりました。

また場面は変わり、今度は石造りのお城の中です。広い石のフロアーにはたくさんの村人たちがお祝いに駆け付けてくれています。私の結婚の儀が執り行なわれていました。

夫になる人はこの時初めて会った人でした。とても冷たい印象です。父がきめた人と結婚するのが、その当時は当たり前のことのようでした。

まず私は、父にお別れの挨拶をしました。父は表情一つ変えませんが、この結婚に満足しています。

次に母の元へ行き挨拶をしました。母は笑顔でしたが、心では泣いているのがわかります。そして驚いたことに、母は今生での母なのです。顔が今の母そのままです。

私は両親に挨拶をしながら、自分の心に誓っていました。

「結婚していくことが、こんなにつらく苦しいものだとは思いもよらなかった。私はまだお嫁にいきたくない。

今この瞬間でさえこんなに苦しいのに、これから先どんな苦しみが待っているのだろう。もうこれ以上苦しいのは耐えられない。

これからは悲しみ、苦しみといった感情には一切触れないようにして、生きていこう。そうすることで私は、楽に生きていける」

そう自分に言い聞かせ、この日を境に心を閉ざしていったのです。

場面は変わり、私はベッドに横たわっています。あれから十年ほど経ちました。

横たわるベッドサイドには、ひざまずいて私を心配そうに見つめる我が子がいます。
五、六歳くらいでしょうか。
けれど私は何とも感じません。

あれ以来「感情を捨てて」生きてきたのですから。

それよりも、今まさに死の世界へ旅立とうとしているそのことを、とても安堵の気持ちで迎えているのです。

「あぁ、やっと楽になれる。この苦しみから解放される」

そう思っている私を、天井あたりから、今の私が見ていました。

死が訪れて、肉体から魂が離れた時、今の私は過去の私と重なりました。

今の私が、過去の私を取り込んだような、一つになったような感覚です。

そして、空の上に輝いている光へ向かって吸い込まれていきました。

とても高い所に着いたようです。そして、そこにいる光の存在にこう言

われました。

「この人生で、あなたは心を閉ざすことを選びました。心を閉ざし、感情を捨てることがどれほど苦しい結果になるのかを学びました」

あれ以来「感情を捨て」心を閉ざして生きてきた私ですが、感情を捨てるということは、どういうことでしょうか。

それは「喜び」も、同時に捨てることでもあるのです。

心の底から湧きあがる、たとえようのない喜びや満足、安らぎ、そこからくる輝きとは一切縁のない人生。これほど苦痛に満ちた人生はありません。苦しいことを避けるために感情を捨てたのに、さらに苦しみ、生きる望みさえ失くしてしまった人生でした。

もうひとつの過去世

アジアのある国です。私は十六歳、黒髪の大きな瞳が印象的な少女です。

私は当時、お城の若い王様に仕えていました。

お城の若い王様に、食事や飲み物を運ぶのが仕事ですが、その役目をとても光栄に思っていました。若い王様のことをとても尊敬し、憧れをもっていたのです。初恋でした。

ある日、王様に飲み物を捧げているのですが、いつものような王様ではありません。その日の王様は孤独な眼をしています。とても淋しそうな悲しい眼。そして、私を見てくれません。

「いつも優しく微笑んでくれていたのに」

尊敬し、あこがれていた王様から突き放されたと思った私は、とても悲しく打ちひしがれ、そしてまたこの日から、心を閉ざしていったのです。

場面は変わって、私はお城の外、城壁のすぐ下にいます。お城を追い出されたのですが、理由はわかりません。わかる必要もありません。心を閉ざしているのですから、理由を知ったところで、私の心には何の影響もないからです。

そして、私には帰るところがありませんでした。毒を飲んで死ぬ方法しかなかったのです。

私は自分の横たわった姿を、上のほうから見ていました。そこには、私のそばを離れず、心配そうにのぞきこんでいる何かがいます。

注意深く見ると、毛がふさふさしている動物です。初めて見る動物なので何なのかわかりませんが、当時私が飼っていた、唯一私と家族同然の動物です。姿は違いますが、その動物から伝わってくるエネルギーは、今生で飼っているペットの犬と同じものです。この時代もいっしょに生きていたのです。

次に私は、横たわった私と一体となり、光の国へと上昇していきました。

光の国へ着いたときに声が聞こえてきました。

「この苦しみは、純粋な気持ちの上に成り立ちました。どんなことがあったとしても、愛さえあれば乗り越えることができたのです。耐えられない

孤独を耐えようとも、われらの愛があることを、われらとともに歩いているることを信じて生きられよ。われらこそが愛だからです」

世界中には今日もなお、あの時の私のように、心の行き違いで苦しんでいる人がいることでしょう。はかない思いを絶たれ、孤独を感じていたとしても、あなたは一人ではありません。

ガイドは「われらとともに生きていることを、忘れないで」と言っています。

あなたはいつも、ガイドの素晴らしいエネルギーで満たされています。

迷える時こそ、どうか心静かに、そのエネルギーを感じてください。

第3章 ヘミシンク浄化体験

のです。

ヘミシンクで浄化する①

ここに紹介する浄化の方法は、ヘミシンクのCDを聴きながら行なうものです。

エネルギー変換ボックスとリリース&リチャージ

ヘミシンクの効果を高めるために、「メンタル・ツール」と呼ばれるものがあります。メンタル・ツールとは、想像上の道具という意味です。

その一つが「エネルギー変換ボックス」です。

ヘミシンクのエクササイズ中、心配事や気になることがあるために、集中できなかったら困ります。ですから、エクササイズが始まるとすぐにエネルギー変換ボックスを用意し、集中を妨げるすべて、たとえば不安や心配事、恐怖心や雑念などを、この変換ボックスに入れてしまいます。つまり、あなたの不要な雑念を入れる箱なのです。もちろんこの箱は、想像上の箱です。重くて頑丈な箱を想像し、入れたら重い蓋を閉め、箱から遠ざかります。そうすることで、ヘミシンクを聴いている間、集中してエクササイズを行なうことができるのです。

実は私、この重くて頑丈な箱は想像できるのですが、どうしても箱から遠ざかることができません。ですから、お行儀が悪いのですが、サッカー選手のように、おもいっきり箱を蹴って箱のほうを遠ざけています。

このエネルギー変換ボックスを使って、心身を浄化し、バランスをとり、活性化する「リリース&リチャージ」というエクササイズがあります。このエクササイズは、いつの間にかため込んでしまった不必要な怖れを浄化するのにとても効果的です。この方法は、絶対お勧めのエクササイズです。

まずエネルギー変換ボックスを想像します。

その箱の重い蓋を開け、中に入っている「恐れ」を取り出します。それが何であるかを感じ、手から遠くへ放ちます。放つときパラパラッと砕けて粉になって散っていく様子を、私は想像しています。

次に、怖れに隠れていた「感情」を感じます。

同時にその元となった「経験」も思い出します。そして、この二つを遠くに放ちます。

リリース&リチャージは、このプロセスを繰り返すエクササイズですが、私はこれを、心が疲れたなと思った時には、疲れが蓄積しないうちに早めに行なうようにしています。特に就寝前に行なうと、翌朝すっきりと爽快な気分で起きることができるからです。

活力もみなぎりますので、若返りのエクササイズともいわれています。

このエクササイズに慣れてくると、この箱をとても便利に使うことができます。ヘミシンクを聴いていない時でも、ちょっとした不安や心配事がある時は、さっと箱を用意し、中のものをどんどん取り出し、放ち、砕き、そうすることで不安を解消できるのです。

これは私なりのやり方ですが、こういう時は「恐れ、感情、経験」を感じたり、思い出したりはしません。何も考えずに機械的にやるのですが、それでも充分効果はあります。


あるとき突然の事態に、急に不安が襲ってきたことがありました。

仕事上で関わっていた会社から多大な損害を負わされ、しかもその会社社長がその時点で、私からの一切の連絡を閉ざしたのです。その時は怒りと悔しさが込み上げ、さらに、これから私はどうなるのだろうと、事の大きさに呆然としてしまいました。

すぐに箱を用意し、箱自体をひっくり返し、中の不安を全部一気に放ち砕きました。そして、どんと構えて、

「ガイドがそばにいてくれるから、私はどんなことでも乗り越えられま

す。ありがとう」

と、宇宙に宣言したのです。

瞬時に行なったリリース&リチャージと、宇宙に宣言したことによって不安はなくなり、私は落ち着きを取り戻し、冷静に対処することができました。

おかげで、すぐにとても有能な弁護士を紹介していただき、事なきを得たのでした。

ヘミシンクで浄化する②

レゾナントチューニングとリーボール

「レゾナントチューニング」は、生命エネルギーを取り込む、呼吸を使ったエクササイズです。

私たちには、肉体のほかに、第二の体といわれる非物質のエネルギー体があります。この肉体と第二の体のエネルギーの流れを増し、バランスをとるために行なうものが、レゾナントチューニングなのです。

まず初めに、自分の周りにきらきら輝くエネルギーを想像します。これを生命エネルギーと呼びます。この生命エネルギーを息とともに身体の隅々まで行き渡らせながら吸い込みます。そして、ロウソクを静かに吹き消すように息をゆっくり吐きます。この際、全身の疲れて古くなったエネルギーが、足の裏や吐く息とともに出て行くように想像します。これをしばらく繰り返します。生命エネルギーは無限です。きらきら輝く生命エネルギーをたっぷり身体に取り入れてください。

息を吐く時ですが、アー、オー、ウームと声を出しながら、身体と声が共鳴するのを感じながら行ないます。

声を出すと、周りに迷惑をかける時があるのでご注意くださいね。私は軽くハミングする程度で行ないますが、それぞれのチャクラ（145ページ参照）と共鳴する発声、音程を見つけながら、慎重に行なうことによって、自分の第二の体が振動しはじめるのを感じます。

振動することにより活性化し、時には、このレゾナントチューニングだけですっきりとして、今必要な浄化がこれだけで終わることがあります。

レゾナントチューニングで生命エネルギーを取り入れながら、外部のエネルギーの影響から自分を守るリーボール作りを同時にやっていきます。リーボールとは、身体の周りに作るエネルギー・バリアのことです。日本的にいえば「結界」のようなものですね。

息を吐き出す際に、頭のてっぺんから噴水のようにエネルギーを放出し、そのまま足のほうに下ろしながら、足の裏から身体に入れます。こうして身体の周りにエネルギーの薄い膜を作ります。

このリーボール、慣れてくると人のリーボールに触れてもわかるようになります。決して想像上のものではなく、触ることもできるし、目に見ることも出来るということを実感したことがあります。

また、遥か昔からとても大切に守られている土地などにも、当時の人たちがリーボール（結界）を張っていることがあります。

九州の佐賀県にある吉野ヶ

里遺跡に行き、遺跡内を歩いていた時のことです。

歩道に沿って歩いていると、急にゴムで弾き返されるような弾力を感じました。とても強いリーボールです。

遺跡の案内パンフレットを読んでみると、ここから先は北内郭《きたないかく》と呼ばれ、吉野ヶ里を中心とするクニ全体にとって最も重要な場所であることがわかりました。クニの重要なことを決める会議をしたり、神事が執り行なわれた場所です。弥生時代の吉野ヶ里の人たちにとって、北内郭は聖域だったのです。ですから、リーボールで守る必要があったのでしょう。

この強力なリーボールは今もなお存在していました。弥生人の「汚されてはなるものか」という強い意思を、肌で感じ取った瞬間でした。

ヘミシンクで浄化する③

エナジー・バー・ツールとイルカのデック

「エナジー・バー・ツール」とは、心の中で想像して作る万能の光のバー（棒）のことです。映画『スターウォーズ』に出てくるライトセーバーをイメージするとよいでしょう。

たとえば孫悟空の如意《にょい》棒のように、これがあれば鬼に金棒とたとえてもよいくらい、とても役に立ちます。

私は、妖精ティンカーベルが持っている金の杖を想像して作ります。この杖を振れば、杖の先から金粉が飛び散り、なんでも自由自在に、私の思い通りに変化してくれます。

自分が使いやすいような形や大きさで作っていいのです。とにかく万能ですから、私の非物質の世界では、へビーローテーションです。

たとえば、暗くて見えない場所を明るくしたり、崩壊しているビルを元に戻したり。

ちょっとした風邪をひいて喉が痛かったりすると、喉にひたすら棒をふり、金粉をかけているところを想像します。こうやって実際に痛みを取ることもあります。

使い方に制限などありません。あなたの想像力しだいでどんなことでもできる、魔法の道具だからです。

このエナジー・バー・ツールを使ったイルカのデックという癒しの方法があります。

まずエナジー・バー・ツールを心の中に想像します。そして次にそのバーを小さなイルカに変身させます。想像するのが上手な人は、最初からイルカを想像してもかまいません。

生命エネルギーが溢れ知性に富んだイルカです。どうぞ名前を付けてあげてください。あなただけのイルカは、次から名前を呼ぶだけで、あなたの前に現れます。そして悪いところをすぐに見つけて癒してくれます。

実際、ハワイなどイルカの来る海岸では、イルカセラピーといわれる癒しの療法があります。特に心の病気に苦しむ人たちが、イルカによって救われたという事実もあるようです。

イルカウォッチングに行くと、海の中をボートにまとわりつくように自由自在に泳ぎ回るイルカに出会えます。かわいらしい容姿、無邪気な鳴き声、力強いジャンプや追いかけっこ。

私たち大人が忘れかけている、ピュアで美しい幼子の心を取り戻すお手伝いをしてくれているようですね。

私のイルカの名前は「ぴよぴよちゃん」

ピンク色でまつ毛がクルンとしています。

ぴよぴよちゃんに初めて会った時は、その愛らしい表情、純粋な心で人を癒すためだけに存在する無条件の愛が伝わってきて、感動で涙があふれました。

あなたが幸せで健やかならば、世界全体の幸せにもつながります。さらに、セルフヒーリングで一人ひとりが自分を癒せば、この地球上の人すべてが癒されます。

いつかそのような日が来ることを、心より願っています。

どうか、あなたのイルカと、もっと仲良くなってくださいね。

第4章

暮らしの中の浄化法

音楽

美しい音楽には癒しの力が宿っています

「特に心が疲れている時は、アヴェ・マリアを聴くとよいですよ」
とガイドは言います。

アヴェ・マリアの曲といってもさまざまです。バッハ、モーツァルト、シューベルト、カッチーニ、マスカーニ。特にシューベルト作曲のアヴェ・マリアは有名ですね。この曲を聴くと、温かい愛で心が満ち溢れるのを実感します。人は誰でも母から生まれました。それゆえに母の姿をアヴェ・

マリアに重ねているのかもしれません。

アヴェ・マリアには「天使の女王」という別の呼び方もあるようです。私が出会ったアヴェ・マリアは、純白の華のあるドレスをまとっていました。「女王」の名にふさわしい優雅な姿でした。

彼女のエネルギーは愛と癒しです。目を閉じて、アヴェ・マリアの曲に身を委ねてください。麗《うるわ》しい新緑の葉、葉の間を通り抜ける風、その風があなたを包み込み、優しく癒してくれます。

そして、もうひとつ。この曲は聴くだけではなく、メロディーに合わせてハミングしたり、歌うことをお勧めします。

喉を開いて発声することで、エネルギーの循環がとてもよくなり、浄化がすすむようです。声を出すことで、心の奥にしまい込まれた不安や苦しみなどの不要なものたちが、声といっしょに出ていってくれるのです。

不要なものは確実に出ていますが、心配な人は、不要なものが出ている様子をイメージをしながら、歌うとさらによいでしょう。

私は歌詞を覚えるのが苦手です。覚えているところだけいっしょに歌って、ほかはハミングしています。時々歌うことに没頭していて、家族から「シーッ！」と注意を受けることもあります。周りのことを考えると、音痴な私は一人でいる時に歌ったほうがよさそうですね。

歌うことで、滞っていたエネルギーが流れだし不要なものは出て行きますが、同時に新しい宇宙のエネルギーも身体に流れ込んでいます。歌い終わった時、軽やかなあなたを実感してください。

この曲は、室内でＢＧＭとして流しているだけでも、部屋の浄化になります。曲の持つパワーが、部屋の隅々まで美しくしてくれるのです。

ぜひこの曲を流す前と、後とを比べてみてくださいね。部屋の空気が一段と透き通っているのを感じ取れるはずです。

ガイドはアヴェ・マリアの曲のほかに、グレゴリオ聖歌（＊）もよいと言います。私の感覚では、グレゴリオ聖歌のほうが浄化の力は強いように感じます。それぞれに、お好みでお聴きください。

（＊）ローマ・カトリック教会の典礼に用いる聖歌。男声の斉唱による単旋歌。（広辞苑より）

〈私の実例〉ガイドからの答え

ある日、小さな雑貨屋さんで小物をまとめて買った時のことです。店員さんから「たくさん買ってくれたお礼に」と、小さなマリア様のカードをいただきました。

当時、私の仕事用のデスクは殺風景だったので、何か心和むものでも飾りたいと思っていた矢先のことでした。ちょうどよいタイミングでやってきたマリア様のカードを、インテリアのつもりで写真立にいれ、デスクに飾りました。

二、三日たった時のことです。仕事に行き詰まりイライラして半ば自暴自棄になっていた私は、マリア様の写真立に向かい、朝からこんな言葉を吐いていました。

「マリア様！　もし本当にいるのなら、その証拠を見せたらどうなの！」

その日の夕方、急にコンサートに誘われて、出かけることになりました。大好きな歌手だったので嬉しくて、朝の出来事なんかすっかり忘れていました。コンサートが進んでいくうちにその歌手は、

「クリスマスの時期に歌って好評だった歌、アヴェ・マリアを聴いてください」

と言い会場を包み込むようなしっとりとした声で歌ってくれたのです。

偶然とは面白いものです。朝、マリア様の写真立に向かって吐き捨てた言葉を思い出し、思わず苦笑いしたほどです。でも、偶然はこれだけではありませんでした。

コンサートが終わって、何か新しいＣＤがほしいと思い、ＣＤショップに立ち寄りました。閉店間際だったので、吟味する時間もないまま、ショップお勧めのクラシックのソプラノシンガーのアルバム、それからピアノ曲

集、先ほどの歌手の新しいアルバムと三枚購入しました。
自宅に帰り、それぞれのアルバムにどんな曲が入っているのか見てみると、なんと、三枚すべてにアヴェ・マリアが入っていたのです。

「マリア様！　もしあなたが本当にいるのなら、その証拠を見せたらどうなの！」

問いかけた私への答えだったのです。

朝日

朝日には希望の力が満ちています

「朝日」と聞くとあなたは、どのようなイメージを持ちますか？

私は「朝日」という言葉から、暖かさ・穏やかさ・希望・愛・安らぎ、などの言葉が浮かんできます。

昔から人々は、朝日に向かい手を合わせてきました。元旦には初日の出を見に行き、その美しさとパワーに感動し、思わず手を合わせたという人も多いと思います。

素晴らしいことに、このパワーは元旦の朝日だけにあるのではありません。毎日の朝日にも充分なパワーが秘められているのです。

ガイドは、

「朝日を浴びて、私の愛を感じなさい」

と言います。


朝日にはガイドたちの願いが込められているのです。

彼らはあなたを温かく見守り、正しい方向に進むように、その道を照らしてくれています。あなたの成長を見守り、あなたの成長こそが喜びであると、教えてくれています。


ある朝のこと。

まだ、しっかりと眠りから覚めていない、まどろみの中にいる時でした。

カーテンからこぼれてくる朝の光を、額のあたりに感じていました。

目は閉じているのに、あたたかな一筋の白銀のきらめく光が額を通り、体内へ差し込んできているのがわかるのです。

ちょうどチャクラでいうサードアイのところです。（145ページ参照）

その光はとても清らかな、温かく深い愛情をもった高次の存在からのようでした。

「この光は、イエスキリストの光だわ……」

なんの根拠もないのに、なぜか「わかった」という感覚でした。

その瞬間、頭の中で、大合唱が響いたのです。

「先、示す、光なり。　先、示す、光なり」

メロディーでお伝えすることができなくて、本当に残念です。

（挿絵に楽譜を載せていますので、歌ってみてくださいね）

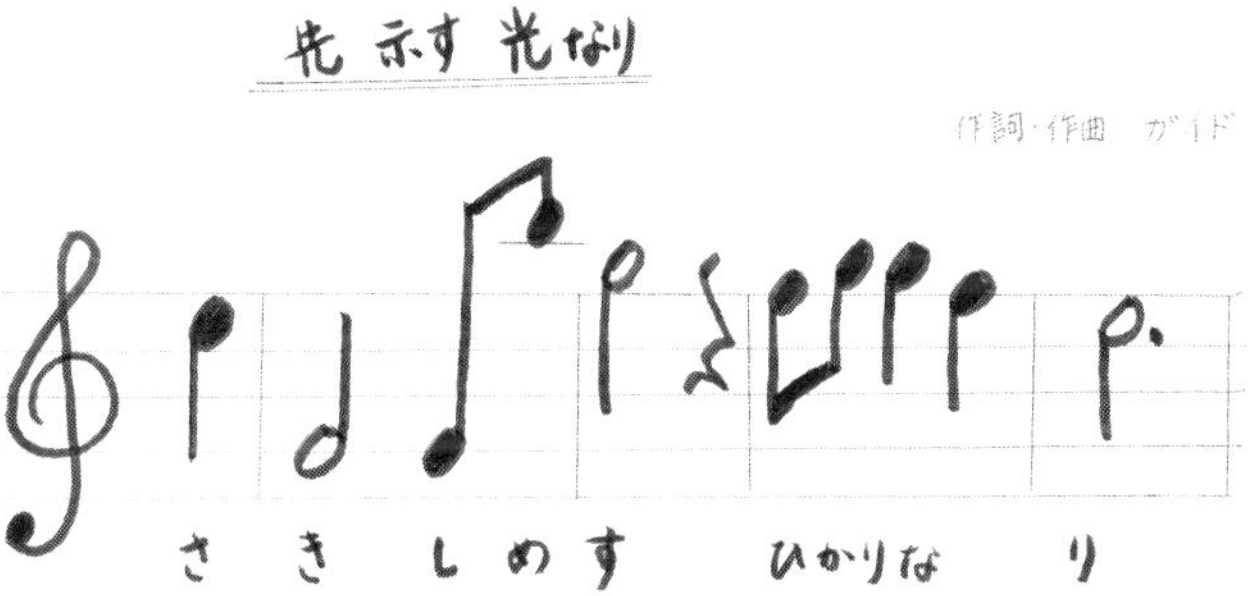

先示す光なり
作詞・作曲　ガイド
さ き し め す　ひかりなり　り

混成四部合唱の、それはとても美しいハーモニーでした。教会で聴く聖歌のように、厳かで慈愛に満ちたメロディーです。

私は教会とはあまり縁がないのですが、

「イエスキリストの愛が、朝日とともに、この地球の片隅で暮らしている私のところにも届けられた……」

そう思うと、とてもありがたくて、感動したものです。

そしてこの時、これほど苦しい日々を送っている私だけれど、イエスキリストは聖なる導きをもって、行く先の道を照らしてくださっている。この光と自分を信じて、前へ進んでいこうと決心したのです。

朝日を取り入れる時は、もちろんカーテンを開け、窓も開けます。しかし寒い時はほんの数センチだけでも結構です。風邪をひいたら大変ですから。

窓を大きく開けたから、小さく開けたからといって効果は変わりません。

なぜって、イエスキリストの愛はどんな時でも平等だからです。

どんな環境にいようと、愛は届けられています。

それに気づくのはあなたしだいです。

〈太陽礼拝〉

私が教わった「太陽礼拝」も、朝日に向かって礼拝するものです。

この方法は、チャネリングスクールの先生から教えていただきました。

本当に久しぶりに先生にお会いした時です。

「あなたの上のお方（ガイド）が、太陽礼拝をするようにとおっしゃっているわ。この方法はとても変わっているわね。面白い方法だわ。この方法で、あなたのインスピレーションが冴えてくるとおっしゃっているわ」

と、その方法を説明してくださったのです。

この方法は確かに変わっていますが、とてもシンプルです。

まず、グラスに水を注ぎます。そのグラスを朝日に向かい、両手で捧げます。捧げながらこう唱えます。

「毎日のご加護をいただいて感謝します。今日も、あなたからのインスピレーションを受けて、目的に向かってまっすぐに進んでまいりますのでよろしくお願いします。ありがとうございます」

そして、グラスの水を飲み干します。

今朝も、朝日に捧げたグラスの水が聖水のように思えて、ありがたくいただきました。

この太陽礼拝をするようになってから、確かにインスピレーションが冴えてきています。

というのは、この本を書き始めて三か月ほど経っても、なかなか書き進めることができず、書いては消し、書いては消しの連続でした。ところが太陽礼拝をするようになって、すらすらと文章が浮かびだしたのです。本当に不思議です。


本を書けるような才能など持ち合わせていない私にガイドは、

「あなたが書くと思うから、書けないのです。私（ガイド）が話すことを

記録していく、というスタンスで書きなさい」

と言ってきました。

その言葉で私はやっと、このまま本を書いていいんだと思えるようになったのです。

それにはやはり、インスピレーションは不可欠です。

書こうとしても書けない私に、ガイドは、インスピレーションを受け取る方法の「太陽礼拝」を、先生の言葉を通して教えてくれたのです。

笑い

笑いは心をすーっと軽くします

「パッチアダムス」という映画（１９９８年）をご存知でしょうか。アメリカの実在する精神科医は、笑うことで病気が回復していくことに注目し、病を抱える子どもたちにひとつの治療法として、笑いを提供していった、というお話です。

「笑えばエネルギーが流れて、浄化できますよ」とガイドは言います。

心が疲れている時は、エネルギーが停滞しています。笑うことによってエネルギーを循環させ、身体も心も浄化しましょう。

実はこのメッセージ、苦しい日々が始まる前にも受け取っていたものでした。それはヘミシンク・セミナーに参加した時のことです。

いくつかのワークの中で、「今、私に必要な五つの重要メッセージを受け取る」というセッションがありました。

まずは五番目から順に受けとっていきます。最後に受け取った最重要のメッセージが、

「笑えばエネルギーが流れる」

というものでした。

89ページにピエロの横顔が描いてあります。中央には噴水があるのですが、噴き出しているのは水ではなく、エネルギーの気流なのです。そして、

横には、

「笑えばエネルギーが流れる」

と文字が書いてあります。そういった映像（印象）をメッセージとともに受け取りました。

この時、ガイドは私に何を伝えようとしているのか、よくわかりませんでした。確かに笑えば血液の循環もよくなるし、健康によいことはわかります。けれど、なぜそのことが私にとって重要メッセージなのか……このころの私の人生は、そこそこ順調で、楽しい毎日を過ごしていました。笑うことも自然に生活の一部としてありました。

ですから、まさかこの後に様々な問題に悩み苦しみ、笑いから遠ざかることになろうとは想像もつきません。最重要メッセージは、この先苦しむであろう私への、ガイドからのアドバイスだったのです。

滞ったエネルギーを一気に流す簡単な方法は、大きな声で、おなかがよ

じれるくらい笑うことです。おかしくておかしくて、おなかが苦しいくらい笑ったあとは、すっきりと爽快になり、なぜか身体も軽くなります。そして幸せな気持ちで満たされます。

笑うことは心を開くことでもあります。心を開くことによって、ガイドとのつながりも強くなり、ハートチャクラ（＊）も輝いてきます。

（＊）胸の中心にありエネルギーを取り込むセンター。

けれども、心が疲れている時は、とても笑いどころではありません。心配や苦しみが「今、この時」を台無しにしていることは充分わかっているのに、それらを払いのける力がないのです。そんな時は「救いの手」ではなく「救いの笑い」が必要ですね。

そこで私が笑うために行なっていたことは、お笑い芸人やコント、笑える番組を見ることでした。他にも、綾小路きみまろさんのライヴＣＤを何度も何度も聞いていました。何度も聞いたので、ＣＤ一枚を全部覚えてしまったくらいです。

不安や心配などのネガティブなエネルギーを抱えていると、しだいに肉体にも悪い影響を及ぼします。私の体験がよい例です。

いろんな問題を抱えていた私は、起きている時はもちろん、寝ていても頭の中が休まらずに、つらい日々を過ごしました。食欲も落ちて、肌もくすんでカサカサしています。同時に肩から首にかけてガチガチになり身体が重くてたまりません。ベッドに入り、寝付くのを待っていると、両足がムズムズとした痙攣のような感覚に陥り、さらに苦しむということを繰り返していました。病院の精神科でナースの経験がある私は、この状態が長く続くと、うつ病になるのではとの心配もありました。

ですから、お笑い番組や、ユーモアのセンスがある妹との会話など、どれほど救われたかしれません。お笑い番組が終わるとＴＶに向かって「ありがとう」とつぶやいていましたから。今思うと、おかしいですね。

どんな状況にも笑いを見つけ出すのは、あなたしだい。笑いを通して、人生を乗り切ってください。

笑えば身体がスーッと軽くなります。

あなたもおなかの底から笑って、エネルギーの流れがよくなったことを実感してくださいね。

入浴

塩風呂でネガティブな心を清める

仕事の疲れ、人間関係の疲れ、現代人は様々なストレスを抱えています。それゆえ、一日の疲れを癒してくれる毎日の入浴やシャワーは欠かせないものです。特に湯船につかりリラックスできる日本のお風呂は最高です。

「特に疲れた時は、お風呂に塩を入れて、入りなさい」とガイドは言います。

日本の温泉で一番多いのは、食塩泉（ナトリウム塩化物泉）だそうです。そう考えると、日本人なら昔からなじみのあるのが、この塩風呂だともいえます。

塩風呂の入り方は、両手一杯の塩を湯の中に入れかきまぜます。できればアロマオイルのティートゥリーを二〜三滴落とします。ティートゥリーは清潔感のあるすっきりとした香りで、除菌効果があります。お好みのオイルでも、もちろんかまいません。植物から抽出されたエッセンシャルオイルが持つエネルギーは、心身を癒してくれるからです。

そして、ぬるめのお湯に、二十〜三十分ほど、汗がじんわりと出るくらいゆっくり入ります。半身浴でもいいですね。

お湯に塩を入れると、とろみが出てきて、お湯がまろやかになります。冷え性にも効果があり、入浴後もぽかぽかとぬくもりが長く続きます。

日本では、昔から、塩はお清めにも使われてきました。疲れた時はネガティブなエネルギーが充満しています。身体ごとお清めをするつもりで、ネガティブなエネルギーを、塩風呂で洗い流してください。

そして、できるだけ塩は天然塩を使います。天然塩を使う理由は、ミネラルが豊富で、海水に似たお湯になるからです。海水は母親の胎内の羊水に似ていると言われています。

あたたかな母親の胎内に戻ったような、安らかな気分も味わいながら、海の持つ癒しの効果を、自宅でも再現できます。

さてこの塩風呂ですが、私のとっても不思議な体験をご紹介します。

あるとき私は、めまいと耳鳴りに悩まされていました。

一時的なものかなと放っておいたのですが、一か月近くも続くので、そろそろ耳鼻科に受診しなければと思っていたころです。

そのころ通っていたチャネリングスクールの先生は私を見るなり、「病院に入ったでしょう？」と言います。

私の首に黒いものが巻きついているというのです。めまいと耳鳴りの原因は、病院に入った時に、その場にいた存在の仕業だというのです。

「今日からすぐに、塩風呂に入ってね。二十分はつかって、じっくり汗を流してちょうだい。二十一日間続けてね」

そう言われても病院に入った記憶などありません。きっぱりと、入っていないことを伝えたその日の帰り道、車を走らせながら、はっと脳裏にあることが浮かんだのです。

そういえば一か月前、友達の付き添いで、中古物件の売りビルを見に行ったのでした。すぐに確認したところ、いわく因縁つきの、元病院だったビルということがわかりました。確かにそのビルは薄気味悪い印象でした。付き添いとはいえ、よく話も聞かず、その物件を見に行った私も悪いのですが、先生から黒いものが巻きついていると言われ、本当にぞっとしました。

それが原因で、めまいと耳鳴りが起きていたなんて。

言われた通り、その日から塩風呂に入りました。

塩風呂を始めてから、あと三日を残すところになった十八日目のこと。

「塩風呂というものに慣れてきたし、気持ちよく入ってはいるけれど、果たして効果はあるのかしら……」

ボーっと湯船につかりながら、そんなことを考えていた時でした。

私の足の裏から、モゾモゾと何かが出ていくのです。モゾモゾは三十秒くらいで出ていきました。とても違和感のある、なんとも説明のしようのない、とても気味の悪い不思議な体験でした。

首に巻きついていた黒いものだったのでしょうか。


無事に二十一日間の塩風呂が終わり、気がつけば、めまいと耳鳴りも気にならなくなり、私はいつもの元気な体に戻っていたのです。

海浜

母なる海の波音に無心にやすらぐ

私は海が大好きです。幸運なことに私は、海の近くに住んでいるので、お気に入りの海岸によく出かけます。

遠くどこまでも続く水平線、寄せては返す波、永遠に循環している海の水は、全世界と繋がっている……そんなことを考えていると、地球と一体感さえ感じます。

あなたは、無心に波の音を聴いているだけで、なぜか穏やかな気持ちになることはありませんか。それは波の音が、癒しのリズムだからです。

「心の疲れは、波の音で浄化できますよ」とガイドは言います。

波のリズムは人の体のリズムに似ているともいわれています。

「１／ｆ《エフブンノイチ》ゆらぎ」というのをご存知でしょうか。寄せては返す波の音、木漏れ日をきらきらと反射させている小川のせせらぎ、木々の葉を揺らすそよ風、静かに揺れるキャンドルの炎……、これらには、ゆるやかに変化する、１／ｆゆらぎがあるといわれています。

人の心拍にも、脳のα波もこのゆらぎを持っているそうです。身体は自然界と同じリズムの１／ｆゆらぎと共鳴し、なんともいえない心地よい気分になるのかもしれませんね。

波にもいろいろあります。

さざ波のような音も、心地よく癒されますが、岩に砕け散る波の音も、私は大好きです。勢いよくぶつかる大きな波は、パワフルな水しぶきとともに、もどかしい胸の内も、すーっと消し去ってくれるようです。

つらい時は何度もお気に入りの海岸に通ったものです。そこには、母なる海、その母に抱かれて、いつしか希望を見い出している私がいました。

海が遠くてなかなか行けないあなたには、波の音を収録したCDも販売されています。リラクゼーション用に、室内で聴くのにぴったりです。自然界が持つ癒しのリズムを、お手軽に体験できます。

〈航海の女神〉

ある日私は、海に行く時間がなくて、海に行ったつもりになり、海を想像していました。

青い海、波の音、澄みわたる空、想像の中に浸りきって、とても安らいだ気持ちになっていた時です。

突然、想像していた景色の中に、一隻の船が現れました。その船は、静かな波の上をゆっくり進んでいます。船の舳先には美しい女性の姿が、船が進むほうを向いて立っていました。ブロンドの髪が風にゆれています。透き通る白い肌に青い目が神秘的です。肩にかけた長いストールは、風で後ろのほうになびいています。

しばらくその美しさに見とれていると、

「航海の女神。水と海を通して、人を癒す存在」

と、その女性は伝えてきました。そして、次のメッセージへと続きました。

「心配や恐れはすべてわたしに託しなさい。

わたしがすべてをのみこみ、海水で洗って差し上げましょう。

できる限り雑音から逃れ、一瞬であってもすべてを忘れて、わたしの声を聴きにきてください。

あなたは海に行かなくても、いつでもどこでも、わたしとコンタクトをとることができます。

わたしを意識し、心を静かにすると、わたしの姿が脳裏に浮かぶでしょう。

日々の暮らし、人生、霊的な道、求める道はどういうものであっても、あなたを安全な方向へと導きます」


現代はいろんなヒーリングの手法があります。インターネットで検索すると、その人たちが身につけたヒーリング法を使って、癒してくれるヒーラーのサイトを、数多く見かけます。

ヒーラーにヒーリングをしてもらうことは、その時の自分にとって必要なことだからそうしているのです。

しかし、いずれ自分で自分をヒーリングする「セルフヒーリング」の方法を身につけたいと思う時がくるでしょう。私自身がそうでした。自分が身につけなければ、いつまでたっても、ヒーラーと呼ばれる人たちの元を訪れることになるからです。

この地球を含む宇宙には、愛と思いやりのエネルギーが溢れています。そのエネルギーに意識を合わせることで、実は自分でヒーリングができるのです。

私が出会った航海の女神もそうです。心を静かにし、女神を思い出すだけでよいと言ってくれています。思い出すだけで、あなたの心配や恐れ、不安や苦しみ、痛みなどのすべてを洗い流してくれると言っているのです。これこそヒーリングですね。なんてありがたいことでしょうか。

自分が癒されなくては、誰かを愛し思いやることはできません。

まずは自分をよく知り、自分の弱さを受け入れることは、セルフヒーリングの第一歩です。

そして次に、女神やあなたのガイドに意識を合わせ、ガイドたちの光を浴びている自分の姿を想像します。想像しながら助けを求めてください。

私は、愛と思いやりの宇宙エネルギーと意識を合わせる方法を、ヘミシンクという音響技術を通して学びました。ヘミシンクは私にとって、相性がよかったといえます。けれど、人それぞれ学び方は違います。

瞑想の方法を示してある本を読んだり、あるいは興味をひいたセミナーに参加してみるのもいいでしょう。インターネットやＤＶＤを使った通信教育などもあるようです。または、あなた独自の方法を編み出してもよいかもしれません。

あなたは、あなたに合った方法で歩いていくことが、一番の近道なのです。

森林

森の精霊たちに接し心を洗われる

昔から転地療法といって、森のそばや高山地の環境のよい場所に移り、病気を治す健康法があります。

この療法は、自然の中のきれいな空気や水のエネルギーを体に取り入れて、人が本来持っている自然治癒力を高める方法ともいえます。

自然の中にいると、結果的に病気が治るというものです。

ガイドも「疲れた時は、森に行きなさい」と言います。

森に一歩足を踏み入れ大きく深呼吸をすると、とても気持ちがよく、生き返った気がします。それは、森の木や葉っぱから、フィトンチッドと呼ばれる揮発性物質が、放出されているからです。

森には森の香りがしますね。あの香りがフィトンチッドなのです。

フィトンとは植物、チッドとは殺すという意味のロシア語。樹木が自らを守るために葉や幹からフィトンチッドを発生させています。そして、空気まで浄化してくれているのです。そのために森はいつも新鮮な空気で満ちているのです。

このフィトンチッドをいっぱいに浴びることを森林浴と言います。

森林浴とともに、森の風景や香り、音色、木々の肌触りなど、生きている森を実感することによって、私はいつも元気を取り戻しています。

人は一日に約十キロリットル以上もの空気を吸っているそうです。その空気にゴミやほこり、化学物質が含まれているとしたら…。どれだけ身体に悪い影響を与えているか、考えただけでもぞっとします。

健康のためにも休日は森へ出かけ、ぜひ森林浴を楽しんでくださいね。

とはいっても、私自身、本格的な登山は苦手。私のように登山が苦手という方には、ハイキング程度で気軽にゆっくり歩く森林浴をお勧めします。

森林浴をするのに、何も山深く入る必要はなく、木々の多い公園、庭園でもよいのです。そう考えると東京のような都会でも、森林浴は充分に楽しめますね。

私は、春から夏にかけて、お天気のよい週末を利用し、近くの山へ森林浴をしながら滝を目指して歩くことがあります。

特に夏の滝は水しぶきがひんやりとして、とても気持ちがよいものです。そして滝の落下で生じる衝撃波は、人に心地よく感じる1／fゆらぎ。自然のゆらぎが心穏やかに、安らぎを与えてくれます。

目で緑を楽しみ視力回復に。

新鮮な空気を深く吸い込んで血液浄化に。

花や鳥、小さな生き物に癒されて。

そうそう、冬には鹿や猪を見かけたこともありました。

私にとって森は、自然とともに生きていることを実感し、元気を取り戻せる幸せな場所なのです。


そして、森には精霊がたくさん。

水や木の精霊、岩の精霊をはじめ、森では多くの精霊たちと接することができます。

気になる岩や木を見つけたら、触ったり、抱きついたり、時にはいっしょに記念撮影もいいですね。きっと精霊たちが喜んで、写真に写ってくれることでしょう。

私も先日、岩の精霊に出会いました。

それはホテルの中にあるオアシスでした。とても気持ちのいいオアシスで、その中でしばらく過ごしていた時のことです。そのオアシスは人工のものではありますが、エネルギー的に素晴らしいものでした。

滝の横にとても気になる岩があります。岩からは穏やかなエネルギーを発していて、精霊の存在を感じます。

その岩をジーと見つめていると、岩の表面に、精霊がその姿を現してくれました。

苔が生えたどっしりとした岩でしたが、岩の雰囲気にぴったりな、包容力と知性を兼ね備えた長老のような姿の精霊です。

精霊たちは、岩や草花、水に宿り、自然と融合して生きています。ホテルに作られたオアシスだけど、こんなところにも精霊は宿り、私たちに安らぎを与えてくれているのです。

自然を傷つけることは、精霊たちの居場所をなくし、同時にこの素晴らしいエネルギーもなくすことになります。

人が、地球でエネルギー的にバランスよく生きるには、自然を大切に、そして人も自然と融合して生きることが大事です。

オアシスで出会った精霊は、私にそう教えてくれているようでした。

睡眠

眠っているあいだに浄化してもらう

「ネジョウカが、できていませんね。ネジョウカを、わたしに願いなさい」

ある時、ガイドから話しかけられました。

「ネジョウカ？」

そんな言葉があることを知らなかった私は、どういう意味かわかりません。考えあぐねている私に、ガイドは、

「ぐっすり眠ることによって、心身ともに浄化できるという意味ですよ」

と説明してくれました。
この説明でやっと、「ネジョウカ＝寝浄化」とつながったのです。
ぐっすり眠れるって、本当に幸せなことですね。清潔な暖かいお布団に入ると思わず、
「しあわせー」と声を出したくなります。

睡眠の目的は、心身の休息、記憶の再構成にも深くかかわっているといわれています。寝ている時に成長ホルモンも分泌されていて、昔から「寝る子は育つ」とも言います。
子どもの成長や病気の回復には、眠ることがとても大事なことはもちろんですが、睡眠不足が続くと、お肌が荒れてきたり、食欲が落ちてきたり、当然元気も出てきません。睡眠時間の不足も影響しますが、良質の睡眠として、眠りの深さも関係があるようです。

私が眠れない日々を過ごしていたころは、寝ようと意識すればするほど眠れなくなり、不安や心配ごとに加えて、さらに「眠れないこと」がストレスとなって、悪循環の渦の中から抜け出せなくなっていました。

親切な人は、「寝る前に、考え事をしたり悩んだりすると眠れなくなるので、無になるといいよ」とアドバイスをくれるのですが、無になるどころか、未解決の問題が頭の中をグルグルめぐるわけです。

とても無になどなれません。

睡眠不足から免疫機能も低下し、すぐに風邪をひくし、頭痛はいつものこと、ついに心のアンバランスも出てきました。ちょっとしたことにイライラしたり、なんでもないことにビクッとしたり。

この悪循環から抜け出すには、まずは自分の身体をいたわろうと思い、仕事を減らす決心をしました。決心をしなければ仕事を減らせないなんておかしな話ですが、当時の私は、昼も夜も際限なく仕事をしていて、それが当たり前のようになっていたのです。

仕事では役割をいくつも担い、毎日寝るだけに自宅に帰っているようなものでした。

身体を壊すために働くなんて、今考えると本当に馬鹿げています。

そのほかに、睡眠導入のためにヘミシンクのメタ・ミュージックを毎晩聴いていました。穏やかな、気持ちを落ち着かせてくれる癒しの音楽。深いリラクゼーション用のメロディーは心の奥深くに染み入ります。

豊かな旋律に導かれ、私は少しずつ眠れるようになっていきました。

さて、ガイドが「わたしに願いなさい」と伝えてきたことですが、それはとても簡単なことでした。

「ガイドさん、寝ている間に私を浄化してくださいね」

とお願いすることです。

このお願いにより、必ずガイドは、あなたが寝ている間に、エネルギー調整をやってくれます。安心して、ぐっすり眠ってください。

同時に、ガイドによってあなたが癒されている情景を想像します。

自分のガイドに会ったことがなくて、ガイドを想像できないという人でも大丈夫です。

光に包まれている、真綿に包まれている、温泉に入っているなど、あなたが日頃、こうしたら気持ちがいいな、と思うことを想像するだけでよいのです。気持ちがいいことを想像することで、心が安ら

ぐことが大事なのです。できれば翌朝、

「ガイドさん、私を浄化してくれてありがとう」

とお礼を言ってくださいね。

実は私、このお礼をしょっちゅう忘れてしまいます。私みたいに忘れっぽい人は、お願いする段階でお礼も言いましょう。

「ガイドさん、寝ている間に私を浄化してくださいね。（朝になったつもりで）いつも浄化してくれてありがとう」

これでＯＫです。


ぐっすり寝ている時は夢を見ていないようでも、起きた時に忘れているために、そう思っていることが多いようです。

寝ている間に見る夢は、単なる夢ではありません。霊的に非常に重要な夢のことが多いからです。

過去世を体験したり、

未来を見たり、
ナイトスクール（＊）で勉強したり、
浄化やヒーリングを施されたり、
亡くなった人と会っていたり……。

エクササイズが進んでくると、夢の中でもリトリーバルができるようにもなります。
ですから、リアルな夢などは、忘れないうちに記録しておくと、あとでとても役に立ちます。
朝起きた時、すぐに書きとめることができるように、お気に入りのノートとペンを枕もとに置いておいてくださいね。

（＊）眠っている間にも夢の中で学校に行き、そこでさまざまなことを学んでいるとされる。

温泉

大地のエネルギーを温泉から取り入れる

日本人なら温泉。ありがたいことに、日本列島は北から南、どこに旅しても温泉には事欠きません。都会の喧騒から離れ、四季折々の美しい自然に囲まれた温泉郷で、浴衣に日本酒なんて、とても贅沢なひと時ですね。あっという間に日々の疲れがふき飛んでいきます。

身体って自分では知らない間に、疲れているものです。「なんだかこのごろちょっとイライラするわ」というあなた、大地の恵みの温泉でリラックスして、自分にご褒美をあげてください。

ガイドは、

「ネガティブなものを一気にお掃除するなら絶対に温泉！」

と力を込めて言います。

古くから日本には湯治《とうじ》といって「湯」につかって病気を「治す」健康法がありました。

現代ではほとんどの病気が西洋医学で治療されていますが、簡単に薬師（くすし／医者）に診てもらえず、しかも薬が高価な時代は、温泉に入り傷や病気を癒していました。温泉は日本の自然が与えてくれる素晴らしい回復薬なのです。

つかってよし、場合によっては飲んでもよし。匂い、色、味、お湯の肌ざわり。チョロチョロと湧き出る温泉の音。温泉のすべてを、五感で楽しみましょう。

日帰りか、泊りがけかは、あなたのスケジュールに合わせてくださいね。無理するのが一番いけません。ちょっと息抜きや、気分転換なら、近くの日帰り温泉で充分ですよ。

最初はどこそこのお湯がよいとか効き目があるとかの情報も取り入れながら、そのうちあなた好みの温泉を見つけてください。

私がこだわっているのは「源泉かけ流し」と「露天風呂」。源泉は、大地のエネルギーが濃厚です。そして、露天風呂のよいところは、足の裏から直に大地のエネルギーを取り入れられる絶好のチャンスでもあるからです。

私たちの普段の生活の中では、裸足で地面を踏みしめることは、めったにありません。しかし、露天風呂なら、最初から裸足です。温めのお湯にゆっくりつかって、お湯からも、そして足の裏からも、大地のエネルギーをグングン取り入れ、一気にネガティブエネルギーをお掃除してください。

さらに、朝日を浴びながらの、森の中や海沿いの露天風呂は、言うことなしの浄化法です。

存在するいっさいのもの、森羅万象に感謝をささげながら、そしてガイドにも、こうして温泉に入らせていただいて、ピュアな美しい自分に戻って生きていけることのお礼を、ぜひ伝えてくださいね。

散歩

ウォーキングで軽い瞑想状態になれる

健康のためにウォーキングを習慣にしている人を多く見かけます。有酸素運動の代表ともいわれるウォーキングは脂肪を燃焼し、シェイプアップにもなるので、私も近所のウォーターフロントをよく歩きます。

ウォーキングは健康によいことはもちろんですが、道端の花々に目を向けることや、普段とは違った角度から見る風景に、失いかけていたピュアな美しい心を思い出させてくれます。

「なにより、ウォーキングで自己との対話を深めることができますよ」

とガイドは言います。


リズムよく歩いていると、しだいに内なる自分に働きかけていることに気がつきます。

つまらないことにひねくれていないかしら、誰かの成功に嫉妬していないかしら……

先のことや、済んでしまったことをぐずぐずと思い悩んでいないかしら……

歩きながらいろんな思考や感情が浮かんできます。人は聖人ではありません。時には、つまずくこともあるのです。

ピュアな美しい心を取り戻したいのならば、まずは自分の強さ、弱さを知り、そこに気づくことではないでしょうか。

そして大切なのは、歩くという行為とともに、心も前に進めること。

自分を責めずに、半歩でも前に進めたあなたを褒めてあげてください。


リズムよく歩いていると、軽い瞑想状態になっていることがあります。

そういう時を私は「ウォーキング・ヘミ」と呼んでいます。まるでヘミシンクをきいて、変性意識状態になった時のようだからです。

海岸にキラキラとした輝くエネルギーを感じたり、妖精たちを見かけたり、非物質の世界を目の当たりにすることはよくあることです。

こういう時は、ガイドからのメッセージを受け取りやすい時でもあります。

素直な心でガイドの存在を意識してみてください。

ふと浮かんだ思いや、一瞬見えた映像のなかに、ガイドからのメッセージが隠されていることもあるからです。

一人ウォーキングもいいですが、時には気の合う二人でウォーキングするのもいいものです。

私も娘とよくウォーキングしますが、最初は何気ないおしゃべりであっても、しだいに人生について深く対話していることもあります。そんな時は、どこからともなく湧いてくるような感覚をもって、勝手に言葉が出てきます。そして、その言葉が悩んでいたことのヒントになったりもするのです。

私にとってウォーキングは、ガイドの存在を身近に感じる時間でもあるのです。

そういえば、プラトンとアリストテレスは、アテナイの学園を歩きながらディスカッションし、真実を追求していったとか。きっと二人は、スピリチュアルなウォーキングの効果を知っていたのかもしれませんね。

ハグ

ハグをして愛のエネルギーを充電する

ハグとは、男女の区別なく、お互いを両腕で抱きしめること。「こんにちは」「さようなら」「ありがとう」などの言葉とともに、三秒ほどギュッをすることです。西欧の挨拶としては一般的ですが、奥ゆかしい日本人には、ちょっと馴染みにくいかもしれませんね。

ガイドは、

「ハグをして、ハートのエネルギーチャージをしなさい」

と言います。

母親から抱きしめられて幸せを感じていた幼いころ、どんな言葉よりも、守られている、愛されているという充足感と安心感がありました。しかし、子どもから大人へと成長するにつれ、抱きしめることも抱きしめられることも少なくなってきたように思います。

胸と胸から伝わる愛のエネルギー。

たった三秒程度のギュッなのに、苦しみや悲しみを和らげ、幸せを与えてくれるハグ。

年齢、性別は関係ありません。お互い癒されて、あたたかい気持ちになるのがハグなのです。

私もハグで、どれだけ癒されたかしれません。

モンロー研究所の日本人対象正式プログラム・ライフラインに参加している時でした。この時期の私は、仕事や人間関係に疲れて、苦しい状況のさなかにいました。すべてが行き詰まり、眠れない日々が続いていたころです。こんな状況では、とても集中してセッションを受けることができません。

私は焦りと苛立ちで、さらに落ち込み、できることならセミナーを放り出し、いっ時でも早く家に帰りたい、そんな心境でした。

セッションが進む中、落ち込む私を見かねたのでしょうか、ガイドからメッセージが届きました。

「ミッツィー（＊）とハグして！」

声とともに、二台の携帯電話が向き合って、赤外線受信をしている映像が見えました。

よく見ると、この携帯電話は、情報を受信しているのではなく、愛のエネルギーを受信しているようです。

そして、その携帯電話には、人と人とがハグすることで、赤外線受信のように、お互いの愛のエネルギーが行きかうという内容の解説書がついています。注意書きには、

「愛のエネルギーは多いほうから少ないほうへ充電されますが、だからといって、与えた方のエネルギーが減るわけではありません。与えれば与えるだけ愛は溢れてきますのでご心配なく」

とのこと。それなら安心です。遠慮なくハグできます。

それからは、何度も何度も、ミッツィーにハグしてもらったのは、ご想像の通りです。

（＊）ミッツィーとは、植田睦子さんのこと。モンロー研究所のレジデンシャル・トレーナー。日本ハグ協会会長・株式会社ＵＩＣ代表。著書多数。美しい笑顔と包容力、母性をもつ女性。

胸と胸が近づくことが気になる方や、異性とのハグはちょっと恥ずかしいという方は、無理なさらないでください。

そんな時は握手をして、目と目でにっこりアイコンタクトでもいいでしょう。
目と目からも、ハートのエネルギーは行きかっていますから。
ただし、ほほ笑みだけは、忘れないでくださいね。

おめでとう
頑張ったね
お帰り
会いたかった
また会おうね
元気でね
大好きだよ

そして、

大丈夫だよ
守ってあげる
安心してね
側にいるよ
愛しているよ

ハグは、伝えたい気持ちを声に出さなくても、その気持ちは瞬時に相手に伝わります。そして相手の心をあたたかくし、慰め、癒してくれる強力な浄化法なのです。

どうかあなたの大切な人を、ハグの持つ大きな力で、癒してあげてくださいね。

第5章

毎日の瞑想法

宇宙と地球のコアにつながる

宇宙とあなたはつながっています。

別々ではありません。生まれる前からつながっているのです。

そのつながりを忘れないように、そして今よりもっと、しっかりとした太いつながりになるためのエクササイズです。

①一人静かな部屋で、ソファーにゆっくり座るか、心地よい場所に寝ころびます。目を閉じ、リラックスします。携帯電話の電源は切りましょう。
②身体の緊張を取っていきます。まず身体全体にギュッと力を入れ、一気に力を抜きます。そうすることにより全身の筋肉が緩みます。
③身体の各部分の緊張を抜いていきます。

頭↓肩↓胸↓背中↓腹部↓殿部↓足の順で感覚をなくしていきます。
④大きな深呼吸をゆっくりと三回行ないます。
次に吐く息とともに、心の中にある不要な物を吐き出します。不要なものは何なのか意識する必要はありません。

息を吐く時は、お腹と背中がくっつくほど腹部をへこませて、吐き出します。
⑤静かな呼吸をしながら、心の真ん中に意識を向けます。
そして、あなたのガイドがそばにいてくれることをイメージします。
⑥頭の先から電気コードが伸びていくのをイメージします。そのコードのプラグを宇宙の奥のほうにあるコンセントにしっかりと差し込みます。
⑦両方の足の裏からも地下に向かってコードを伸ばしていきます。地球のコアには黒く輝いている大きなクリスタルがあります。そのクリスタルにもしっかりプラグを差し込みましょう。
⑧ゆっくりと、頭と足のコードから愛という名のエネルギーを引き込みま

す。充電しているイメージです。この時、呼吸に意識を向けながら、一呼吸、一呼吸ゆっくりとエネルギーを身体の中に取り入れていきます。このエネルギーは光り輝いています。あなたの身体も徐々に光り輝いてきます。

⑨身体の隅々に充分エネルギーが行きわたったと感じたなら、宇宙とクリスタルのコンセントからプラグを抜き、身体の中に収納します。

⑩最後に、そばで見守ってくれていたガイドにお礼を言いましょう。

愛を感じて、愛を贈る

どんなに辛く苦しくても、また傷ついて独りぼっちだと感じても、あなたは生きている限り、もうそれだけで愛の力で支えられているのです。

このエクササイズは、傷ついた心がいつの間にか癒されて、しかもあなたの周りの人までも癒してくれるエクササイズです。

①リラックスします。

前項の「宇宙と地球のコアにつながる」方法の1～5の順序を踏みます。

②愛を感じます。

愛された記憶、愛しい人や大切な人への思い、かわいらしい自分のペットを愛する気持ちを思い浮かべます。

思い浮かばない時は、嬉しかったこと、楽しかった記憶でもいいでしょう。

または生かされていることへの感謝の気持ちでもいいです。

③胸がキュンとするような感覚や、恍惚感。この感覚にいたるまで愛を感じます。

どうしてもイメージできない場合は、ピンク色のハートの風船を思い浮かべてみてください。風船が愛でどんどん膨らんでいく様子を想像します。

④愛を充分イメージしたら、頭上から「愛」を放ちます。

徐々に放つのではなく、一気に放ちます。一気に放つことで、自分を中心に、勢いよく愛が四方に散っていきます。そして、周囲を癒してくれます。

風船を膨らました人の場合は、風船をはじいてください。風船の中に詰まっていた愛が、はじくことにより、さらに遠くまで飛んで行き、多くの人たちを癒します。

⑤あなたの周りの人たちが、あなたが贈った愛で、光り輝いている様子を想像します。

⑥最後にガイドにお礼を言いましょう。

ガイドと出会う

あなたは自分の意思とは関係なく、目に見えない存在、つまりガイドにいつも見守られています。

ガイドは必要ならば、あなたを危険から守ってくれたり、正しい方向へ進めるよう道を示してくれたりしています。

思いつきやひらめきといったことも、まるであなた自身が考えたかのように、教えてくれています。


最初は、ガイドが誰なのか姿が見えなくても、また直接ガイドの声が聞こえなくても問題ありません。気配だけでも充分です。気配とは、暖かさ、優しい風、香りなどです。

ガイドはエネルギー体ですので、もやもやとした何か、または、そばに誰かの存在を感じるという感覚を得るかもしれません。

大切なのは、肩の力を抜いてリラックスして、ガイドとのコンタクトを楽しむことです。

できれば、ヘミシンクのメタ・ミュージックをかけながら、このエクササイズを行なうことをお勧めします。

①宇宙と地球のコアにつながる瞑想の１〜４を行ないます。
②心の中心に意識を向け、ガイドに会いに来てくれるよう頼みます。
③あなたは、森へ向かう小径《こみち》を歩いています。足元を見ると、露草のしずくが靴を濡らしています。草を踏む音も聞こえます。
④まっすぐ歩いて行くと、目の前には森に囲まれた芝生だけの公園が見えてきました。その中央に、二人掛けの白いベンチがあります。
⑤あなたはそのベンチに座ります。
⑥ベンチに座ったあなたの横に、ガイドも座ってくれるように頼んでくだ

さい。

⑦足元を見ると、自分の足と、その横にガイドの足が見えます。注意深く観察してください。

またはその何かの気配を感じているかもしれません。その存在がガイドです。ガイドが来てくれています。

⑧注意深く観察していると、ガイドが身にまとっているものが見えてきます。または、それがどんな雰囲気なのか感じてください。

⑨ガイドの名前を聞いてください。

直接声として聞こえなくても、「そんな感じがする」といった感覚で充分です。

⑩ガイドに「プレゼントをください」と言ってみてください。何かいただけるかもしれません。このプレゼントは、あなたへのメッセージとなります。

今その意味がわからなくても、必ず後でわかる時がきます。

⑪好きなだけガイドとともに過ごします。
充分だと思えたら、ガイドにお礼とお別れを言いましょう。
⑫ゆっくりとベンチから離れます。
⑬あなたが今いる場所へ戻ります。
⑭この体験を忘れないようにノートに記録します。

第6章 チャクラとは

チャクラはエネルギーを取り込み全身へ送る、エネルギーセンターです。小さな竜巻のようなもので、サンスクリット語で、「回転する輪」を意味します。

私たちの体には、たくさんのチャクラがありますが、特に主要なチャクラが7つ、背骨の基底から頭頂までの間に位置しています。

このチャクラは私たちの意志で大きく開くことができ、そうすることでエネルギーを高めることもできます。

ここでは、主要な7つのチャクラを、簡単に説明します。⑦→①の順で説明。

❼【クラウンチャクラ（頭頂）第七チャクラ】

このチャクラが開くことにより、あなたは完全にガイドとつながり、あなたのスピリチュアル性が高まります。

❻【サードアイチャクラ（額の中央）第六チャクラ】

額の真ん中に位置しています。サードアイとは「第三の目」という意味です。視覚化能力や超能力、インスピレーションを受け取る場所です。

7
6
5
4
3
2
1

❺【スロートチャクラ（喉）第五チャクラ】

このチャクラは喉に位置し、コミュニケーションチャクラとも呼ばれています。話し方や言葉による気持の表現に影響を及ぼします。

❹【ハートチャクラ（胸の中心）第四チャクラ】

胸の中心に位置し、スピリチュアルな意味での「ハート」はこのチャクラを指します。

愛・調和・優しさ・癒しなどはハートチャクラの活性化によって高められます。

❸【ソーラーチャクラ（みぞおち）第三チャクラ】

自尊心、人間関係、社会的地位に関係するチャクラです。本能的な勘もここが司っています。

❷【ベリーチャクラ（丹田）第二チャクラ】

お臍《へそ》の下にある丹田《たんでん》という場所のチャクラです。このチャクラは創造性のチャクラです。

新しく何かを創造することを司ります。

❶【ルートチャクラ（根っこ）第一チャクラ】

このチャクラは背骨の一番下にあり、生殖器にも影響しています。生命力、生殖、お金、仕事、物質的な豊かさを司ります。

チャクラは視覚化することにより、その働きを活性化させることができます。見るだけで、チャクラが広がり解放されるDVDがありますのでご紹介します。このDVDは、チャクラを美しい色と動きで映像化されており、見た時すぐに、私のハートチャクラは動き出し、胸のあたりがムズムズ痒くなったほどです。

★チャクラDVD

『チャクラ　この神秘なる覚醒～覚醒へのレインボウ・ブリッジ』

翻訳・ナレーション　ミッツィー植田

第7章

ヘミシンクとは

★ヘミシンク（Hemi-Sync）

ヘミシンクというのは、「脳半球同調（Hemispheric Synchronization）の略です。

ヘミシンクには、左右の脳半球を同調させる働きがあります。ヘミシンクの仕組みは、右の耳と左の耳に微妙に異なる周波数の音をステレオ・ヘッドフォンで聴かせるというものです。

たとえば右耳に１００ヘルツ、左耳に１０２ヘルツの音を聞かせると、脳の中の脳幹という部分で、その差に当たる２ヘルツの信号が生じます。それが左右両脳に同時に伝えられる結果、左右両脳が同調して活動し、２ヘルツの脳波が生じます。

これはぐっすり眠っている時に現れる脳波であるデルタ波に相当します。左右両脳が同調して働くことによって、通常では得られない、特殊な意識状態を達成することができるのです。

実際のヘミシンクでは、いくつもの周波数のペアが同時に行なわれます。その組み合わせ方によって、深いリラクゼーションや瞑想状態、さらには、意識の拡大した状態など、いわゆる変性意識状態へ導くことができます。

変性意識状態にいたる一つの方法として、ロバート・モンローはヘミシンクという方法を開発しました。この方法は従来の修行や薬物によるものに比べとても合理的で安全です。上達するためのエクササイズは必要ですが、CDを聴くだけで、比較的短期間に変性意識状態に達することができるのがヘミシンクです。

こうした直接体験を通して、迷信や思い込み、いわれなき罪の意識などから、自由になっていくのです。

★変性意識状態

ヘミシンクとは、聴く人を「変性意識」と呼ばれる状態へ導くための音響技術です。

（CDに収録）

変性意識状態とはどういうものでしょうか。

「意識はあるが、意識が現実から離れているような感覚の状態」のことを表します。これは普通の「目覚めている状態」とは少し違っています。
変性意識状態は、広い意味では誰でも体験しています。たとえば、
＊朝、ベッドの中で目覚めるか目覚めないかその境界のあたりをボーっとしている時
＊眠りに入る一歩手前の時
＊何かに没頭していて、声をかけられても気づかない時
＊お風呂に入って、気持ちよくボーっとしている時
＊直感や第六感が働く時

変性意識をもたらす状況や、もたらす方法も昔からありました。
＊座禅、呼吸法、ヨガなどの行法
＊断食、滝行などの苦行
＊催眠療法・ヒプノセラピー
特殊なものには、
＊体外離脱（幽体離脱）

＊臨死体験
などです。

変性意識状態ではさまざまな体験が可能です。
＊過去世体験といって、自分の過去世を見たり、追体験する。その時の自分の人生について詳細を思い出すこともある。
＊ガイドと呼ばれる愛と知性にあふれた知的生命体と会い、交信する。
＊明らかな形での体外離脱はしない状態でも、自分の意識の一部が肉体から離れ、遠い場所の様子を見てくることもある。この場合、現在のその場所へ行く場合と、時間を超えて過去や未来へ行くこともある。
＊意識の一部が肉体を離れ死後世界へ行き、そこの様子を見たり、死者とコンタクトを取ることもある。
＊地球を離れ、太陽系内や、さらには銀河系内の星々、銀河系外のほかの銀河を探索する。

①体外離脱とロバート・モンロー

体外離脱とは、たとえば肉体から抜け出て浮き上がり、下に寝ている自分の姿を天井のあたりから見るという体験です。

ロバート・モンローは体外離脱を頻繁に体験するようになりました。はじめは、肉体や精神にどこか問題があるのではないかと心配したそうです。ところが、どんなに検査しても肉体や精神の異常を示すデータは見つかりませんでした。それでも体外離脱を頻繁に体験したので、モンローはそれを調べざるを得なくなったのです。

この研究はその後、ほかの人にもモンローと同じような体験をしてもらう方法の研究へと発展します。

モンローはもともと音響技術に精通していましたので、音を駆使することにしました。そして、精神科医や医者、物理学者、技術者らと協力して、ヘミシンクという技術が開発されました。

②私の初めての体外離脱

私が25歳の時です。私はその日で3日目の、原因不明の高熱にうなされていました。病院で明日もう一度検査をし、それでも原因がわからなかったら入院するということになっていた夜のことです。

8月の蒸し暑い夜でした。高熱でうなされ朦朧とした意識の中で、

「涼しい外の風に当たりたい」

と思い、起き上がろうとするのですが、身体はまったく反応しません。意識が朦朧としているので体は動かないのは当然でしょう。となりに寝ている家族に、起こしてもらいたくて声を掛けようとするのですが、声も出ません。それでもなんとか外の風に当たりたい一心で、思いっきり力をこめてみると、いとも簡単に、すっと起き上がることができました。

何気なく枕もとを見てみると、そこには寝ている私がいるのです。起きている私と寝ている私は下半身では一つです。状況を把握する間もなく、次の瞬間には、

窓の外の庭に立っていました。夜の涼しい風がとても気持ちよく、高熱もスーッと引いてくれる気がしました。

庭から室内を見ると、家族と私が寝ている姿があります。庭では虫の声も聞こえます。周りを注意深く見ますが、何もかもリアルで夢の中の出来事ではないことは確かです。

当時から体外離脱に興味があった私は、これは体脱（体外離脱）だと確信しました。そしてもしかしたら、これから臨死体験が始まるのかしらと思うと、とても怖くなりました。この恐怖が元の体に引き戻したのかもしれません。残念ながら、この後どうやって元の自分に戻ったか記憶していないのです。目が覚めると朝になり、熱も下がっていたのです。

この体験は、私が初めて自分自身を別の所から眺めたことによって、人間には、意識（当時は「魂」と表現していました）と肉体の二つがあるという事実を、身をもって知った体験でした。

★フォーカスレベル

変性意識とひと言で言っても、実はさまざまな状態があることがわかってきました。モンローはそれらを区別するために、番号を付けることにしました。それをフォーカスレベルと呼びます。

覚醒した状態、つまり、意識が物質世界にしっかりある状態をフォーカス1と呼びます。またはC1（シーワン）とも呼びます。

Focus 49+	この宇宙を超えた意識の広がり、つながり帰還のための大きなエネルギーの流れ
Focus 49	銀河系を超えた銀河系近傍の意識の広がり、つながり　I/There Super Cluster
Focus 42	太陽系を超えた銀河系内の意識の広がり、つながり　I/There Cluster
Focus 34/35	地球生命体内の時間を超えた意識の広がり、つながり　I/There
Focus 27	輪廻の中継点（転生準備のための様々な場）The Way Station
Focus 24-26	信念体系領域（共通の信念や価値観）Belief System Territories
Focus 23	囚われの世界（執着状態／孤独状態）New Arrivals
Focus 22	昏睡状態、ドラッグ、アルコール、白昼夢…　Living Dreams
Focus 21	この世（Here）とあの世（There）の架け橋の領域　The Bridge State
Focus 15	無時間の状態（単に存在する状態）The State of No Time
Focus 12	知覚・意識の拡大した状態　Expanded Awareness
Focus 10	肉体は眠り、意識は目覚めている状態　Mind Awake / Body Asleep
Focus 1	意識が物質世界にしっかりある状態　C1 (Consciousness 1)

フォーカス1から番号が大きくなるほど、意識は物質世界から離れていきます。
特定のいくつかの変性意識を表すフォーカス番号として、次の番号が付けられました。
フォーカス10
フォーカス12
フォーカス15
フォーカス21
……などです。（これよりも大きいレベルもありますが、この本では省きます）

◆フォーカス10（F10）

肉体は眠り、意識は目覚めている状態です。
普段、私たちは肉体が眠ると意識も眠ります。

身体が眠ったのに、意識だけ目覚めていることはありません。しかしＦ10では意識が肉体の束縛からいくらか自由になってくるので、意識ははっきりとしているのに、肉体は眠っているという状態になるのです。

そしてこの結果、五感を超える知覚能力が取り戻されるのです。取り戻されると言ったのは、もともと人間が持っている能力だからです。この能力とは、直感的に把握する能力や遠くのことを見たり知ったりする能力のことです。

変性意識状態は、普段私たちが眠りに落ちる時や目覚めの時にも、この状態を通過しています。

私の場合、この目覚めの時や眠りの一歩手前の時の変性意識状態で、微細な振動を感じたり、足がズルっと抜けるような感覚になることがあります。これはヘミシンクを聴いて、Ｆ10の状態になっている時とまったく同じです。

また、この時を利用して、ガイドから一方的に交信が行なわれることもよくあります。

ヘミシンクのF10体験は、人それぞれ多少違うようです。自分の感覚を信頼し、リラックスしてフォーカス10を楽しんでください。

◆フォーカス12（F12）

知覚の拡大した状態です。意識は完全に肉体的、空間的な束縛から自由になります。

その結果、意識は空間的に大きく広がることも、肉体から離れていくことも可能です。

遠くの様子が見えたり、家族の様子がわかったりします。

また、意識が肉体から完全に自由になるので、F10では芽生えでしかなかった、意識の持つ五感を超える知覚能力が、完全に動きだします。その結果、直感力が冴え、問題に対する答えがひらめいたりします。

また、肉体を持たない生命体の存在を把握したり、交信したりできるようになります。彼らは死者や、人間ではない生命体、あるいは自分のガイドと呼ばれる存在です。

フォーカス12はガイドと交信するのに適したレベルです。ぜひ、ヘミシンクで交信を試みてください。

〈私の体験〉ガイドとの交信の仕方

私が初めてガイドと交信したのは、アクアヴィジョン・アカデミーが主催の「ガイドとの邂逅」というセミナーでした。

セッションが始まるとすぐに、声となってメッセージが下りてきました。それまでガイドとは、高貴な尊厳のある声や話し方をするものとばかり思っていたので、そのフレンドリーな話し方にはびっくりさせられました。

またガイドの姿を見ることもありますが、その姿は様々です。金色の玉や光の棒、裸に腰巻をつけているだけの姿の時もありました。マリア様や観音様、天使の姿もあります。姿を見ることはなく、なんとなく存在を感じるだけの時もあります。

また、ガイドは笑ったり踊ったりもします。そうすることで喜びの気持ちを伝えているのです。

プレゼントをもらったこともあります。モンロー研究所でのGV（ゲートウェイ・ヴォエッジ。F10〜21の体験コース）に参加した時です。あるセッションで、ガイドからロザリオをもらいました。これはガイドとの絆を象徴しています。

おもしろいことに、この時は受取のサインをするようペンを差し出されました。私がしっかり

とガイドと絆を交わしたということに疑いを持たないためのガイドの配慮です。

この時は、ガイドからの声は聞こえません。動作だけで何を言おうとしているのかわかりました。

ときにはガイドの姿は現れずに、まるでテレビを見ているように映像で答えを示してくれることもあります。また、一度にすべてを教えるのではなく、たとえば一ヶ月後にその続きを見せてくれたり、同じ内容のことを前回よりも詳しく教えてくれることもあります。

普段生活している中で、「もしかして◯◯かもしれない」と、ふっと頭に浮かぶと「ピンポーン」。誤っていると「ブッブー」とチャイムで知らせてくれることもあります。まるでクイズ番組のようですね。

こんなこともありました。

「私はいつも自分に自信がない。たぶんそれは、自分の欠点ばかりに焦点を当てているからだわ」

と落ち込んでいた時でした。

突然、映像が見えました。つるつる頭の人のとなりに帽子がある映像です。一瞬なんのことだかわかりませんでしたが、「頭と帽子」つまり、ず・ぼうし↓《ずぼし》というダジャレなのです。私が考えていることが、まさにその通りだよとダジャレで伝えているのです。これには笑ってしまいました。落ち込んでいた私を元気づけてくれるのもガイドなのです。

◆フォーカス15（F15）

時間の束縛から自由になった状態です。無時間の状態と呼ばれます。

時間の束縛から自由になるので、自分の過去世を体験したり、思い出したりします。

私の場合は、過去に戻りその時代の主人公になって体験することが多いようです。

ほかには、目の前に分厚い本が現れてページをめくると、過去世が物語として書かれてあったこともありました。

また未来に行って、未来の一つの可能性を見ることもできます。

F15は心の内面に入り、自分のエッセンスとともにいることを体験するのに適した状態です。ここでは安らぎと静けさを満喫できます。

F15は潜在性の状態ともいわれ、何かを創造したり、具現化したりするのに適した場です。願望を実現するためにその設定を行なうことができます。

◆フォーカス21（F21）

物質界と非物質界の境界です。

F21ではこの世の縁《ふち》、あるいはこの世とあの世の境界領域が把握されます。物質界と非物質界の境界です。深い睡眠状態に相当しますが、意識は完全に覚醒しています。

臨死状態の人が三途の川を見たり、亡くなった肉親と再会するのがこのレベルです。ちょうど三途の川に架かる橋のようなところで、F21のことを英語でもブリッジ（架け橋）と呼んでいます。

Ｆ21からさらに先へ行くと、そこはもうあの世、死後世界です。

実はモンロー研究所では、あの世という表現は使いません。

「別のエネルギー系」とか、

「向こう（There）」という表現をします。それに対して、この世は、

「こちら（Here）」と言います。

モンローは霊、魂とか、スピリチュアルということばを使うことで、聞いた人が既存の固定観念で見てしまうのを、極力避けたかったからです。

★ヘミシンクを体験するためには

①ヘミシンクＣＤを購入して、自宅で体験する。
ＣＤはインターネットで購入できます。価格は一枚２５００円程度です。

私も最初は、インターネットで購入し自宅で聴いていました。マニュアル本があればとても心強いですね。

自宅学習用のマニュアル本として『ヘミシンク入門』（ハート出版）坂本政道、植田睦子共著や『ヘミシンク完全ガイド』ウェブ1～6（1～3までが既刊。以後続刊）をお勧めします。

②モンロー研究所のヘミシンク・セミナーに参加する。

こちらは、トレーナーが指導してくれますので、正しい使い方を学ぶことができます。

＊英語が堪能な方は、アメリカのモンロー研究所でのセミナーも可能です。ホームページがありますので、そちらから申し込みができます。

＊英語が苦手な方のために（株）アクアヴィジョン・アカデミーによる日本人対象のモンロー研究所正式プログラム・参加ツアーが開催されています。

このツアーは成田からモンロー研究所までの往復に、トレーナー兼通訳が付き添ってくれますので、英語ができなくても安心です。このツアーも（株）アクアヴィジョン・アカデミーのホームページから申し込みができます。

私もこのツアーを利用してモンロー研究所のセミナーに参加しました。初めてのアメリカでしたが、トレーナー兼通訳の親身なるサポートで安心して参加することができました。

モンロー研究所では、巨大水晶がグラウンドの中央に据えられています。この水晶は一見の価値があります。参加者はみんな、抱きついたり、ナデナデしていましたよ。また土地のエネルギーも素晴らしく、大地から強いエネルギーが渦巻きのように放出されているようにも感じました。一度は訪れてほしい場所です。

③アクアヴィジョン・アカデミーのセミナーに参加する

東京を中心に、日本各地で開催されています。1日コース、2日コース、宿泊コースなどあります。週末に開催されていますので、無理なく参加できるコースです。宿泊コースは特にお勧めです。絶景地の温泉ホテルで見晴らしのよいコテージ、お食事も言うことなしの三拍子揃ったセミナーです。

第8章

あなたへのメッセージ

ここに、ガイドからあなたへのメッセージがあります。

私がこの本を読んでくださっている人たちのことに思いを巡らせていた時、伝えられた「あなた」への言葉です。

＊　＊

あなたは、この地球上で何度も生まれ変わり、人生を経験してきました。

あらゆる年代、あらゆる地域において、生きてきたのです。

わたしはどんな時でも、遥か遠くの時代から、あなたとともに生きてきました。

あなたの目を通して、あなたが見ているすべてを、テレビを見るように見てきました。あなたの喜び、悲しみ、苦しみをともに感じ生きてきたのです。

あなたの人生における経験は、わたしの経験でもあります。あなたが苦しんでいるのを知り、悲しんでいるのを知っていたのに、見て見ぬふりをしたことはありません。それもすべて、あなたの成長につながるよう導いてきたのです。わたしはあなたをいっ時でも、見捨てたことはないのです。喜びも悲しみも、すべての経験が、あなたの成長につながるように願っているのです。

わたしはあなたとともに生きています。時にはあなたに寄り添うように、時にはあなたの心の中に。

尋ねたい時は、わたしに尋ねなさい。
願いたい時は、わたしに願いなさい。
そうすればあなたの心の中に、答えを示して差しあげましょう。
あなたの願いをかなえて差しあげましょう。

心静かにして、私の声に耳を傾けなさい。あなたの心はわたしの声を知っています。なぜなら、遥か昔から、あなたはそうしてきたからです。

わたしは、あなたとともに生きています。
あなたに寄り添っています。
あなたの中にいます。

そのことをどうか忘れないでください。
あなたは一人ではないのです。
わたしがいます。

☆あとがき

この本は「ガイドの導き」によって作られました。

感謝します。

最後まで読んで下さって、ありがとう。

山口幸子（やまぐち　さちこ）

ナースとして病院に15年勤務した後、介護福祉事業所を立ち上げ、現在に至る。事業所運営のかたわら、介護教員として専門学校、介護関係の各種講座の講師、介護事業所のコンサルタントなども行なう。
２００７年、ヘミシンクに出会う。以後、ガイドとのコンタクトを取るようになる。現在、ヘミシンクのほか、オーラヒーリング、レイキヒーリング、エンジェルセラピーも行なう。長崎県在住。

４章見出しイラスト：内藤あけみ
カバー装丁：フロッグキングスタジオ

ヘミシンク浄化法

平成22年３月８日 第１刷発行

著　者　山口 幸子
発行者　日高 裕明

発　行　ハート出版
〒171-0014　東京都豊島区池袋３－９－23
TEL.03-3590-6077　FAX.03-3590-6078
ハート出版ホームページ　http://www.810.co.jp

乱丁、落丁はお取り替えします。その他お気づきの点がございましたら、お知らせ下さい。
ISBN978-4-89295-664-5
印刷・製本：中央精版印刷

坂本政道の死後体験シリーズ

死後体験

これまでは「特別な能力」を備えた人しか行くことの出来なかった死後の世界を、身近な既知のものとして紹介。死後世界を「科学的」かつ「客観的」に体験した驚きの内容。

本体価格１５００円

4-89295-478-0

死後体験Ⅱ

前作では行くことの出来なかった高い次元へのスピリチュアルな探索。太陽系は？　銀河系は？　それよりはるかに高く、遠い宇宙は？　見たことも聞いたこともない世界が広がる。

本体価格１５００円

4-89295-465-9

死後体験Ⅲ

前2作を超え、宇宙の深淵へ。意識の進化と近未来の人類の姿。宇宙に満ちあふれる「生命」との出会いなど新たなる発見と驚きの連続。宇宙の向こうには、さらに無数の宇宙がある。

本体価格１５００円

4-89295-506-X

死後体験Ⅳ

死後世界から宇宙へ、そして根源へといたる世界を克明にリポート。きたるべき人類大進化とは何か。地球生命系からの「卒業」とは。さらに高次の意識と生命体との出会いと感動。

本体価格１５００円

978-4-89295-573-0

ヘミシンクにチャレンジアイテム

ヘミシンク完全ガイドブックCD BOX
Vol. 1、Vol. 2、Vol. 3、（6まで続刊）

アクアヴィジョン・アカデミーが行なっているヘミシンク・セミナーのノウハウを元に編集された解説本『ヘミシンク完全ガイドブック』と該当のCDが梱包されたハート出版オリジナルセット。初心者も効率的かつ効果的に学べて便利。


ゲートウェイ・エクスペリエンスＷａｖｅⅠ「ディスカバリー（発見）」のＣＤ３枚と解説本のセット。

税込価格１４７００円

ゲートウェイ・エクスペリエンスＷａｖｅⅡ「スレッショルド（境界点）」のＣＤ３枚と解説本のセット。

税込価格１４１７５円

ゲートウェイ・エクスペリエンスＷａｖｅⅢ「フリーダム（自由）」のＣＤ３枚と解説本のセット。

税込価格１４１７５円

vol. 1：4-89295-777-2　vol. 2：4-89295-778-9　vol. 3：4-89295-779-6

ヘミシンク入門

誰でも好奇心さえあれば、時間と空間を超えた異次元世界を安全に探索できる。ヘミシンクとは何か？　どのように体験できるのか？　体験者の感想は？　ヘミシンクがすっきりわかる一冊。

坂本政道、植田睦子・共著

本体価格１３００円

4-89295-549-5